심령이 약한자의 **승리하는 삶**

정원 지음

영성의 숲

목 차

1부 약한 영혼의 상태와 원인

1. 영혼의 눌림 / 9
2. 약하고 민감한 영혼 /16
3. 임산부, 노약자, 민감한 영혼 /21
4. 약한 영혼의 증상들 1) 쉽게 상처 받음 /27
5. 약한 영혼의 증상들 2) 생각이 많음 /30
6. 약한 영혼의 증상들 3) 귀가 얇음 /34
7. 영이 약한 이들의 무기 – 자해 /40
8. 의존인, 지배인, 독립인 /49
9. 약한 영혼의 증상들 4) 눈치보기 /60
10. 약한 영혼의 증상들 5) 죄책감 /63
11. 약한 영혼의 증상들 6) 영매적 성향 /70
12. 약한 영혼의 증상들 7) 애정에 대한 집착 /76
13. 약한 영혼의 증상들 8) 많은 근심과 불안 /79
14. 약한 영혼의 증상들 9) 대인관계의 어려움 /83
15. 약한 영혼의 증상들 10) 의지의 연약함 /86
16. 약한 영혼의 증상들 11) 남들의 짐을 짐 /89
17. 약한 영혼의 증상들 12) 거절하지 못함 /95
18. 심령이 약한 사역자 /100

2부 자유를 위한 원리와 적용

1. 몸을 통한 영혼의 훈련 /111
2. 눈과 영적인 세계 /113
3. 눈의 사용에 대하여 /121
4. 눈의 기도와 훈련 /126
5. 배기도와 예수 호흡기도 /147
6. 발성의 훈련 /154
7. 몸의 훈련 /161
8. 자신을 표현하기 /172
9.. 긴장하기 /181
10. 거절하기 /189
11. 생각과 감정과 의지의 훈련 /196
12. 영혼이 약한 이들과 깨어짐 /207
13. 눌림의 긍정적인 측면 /213
14. 사명과 방향 /219

서문

　영혼의 힘이 약하여 고통을 겪고 있는 수많은 이들의 상담 요청을 받으면서 나는 비슷한 증상으로 인하여 힘들어하는 이들이 무척 많다는 것을 알았습니다.
　그들은 삶에서 많은 눌림과 무기력을 겪으면서도 자신의 문제가 어디에서 기인하는지 어떻게 해결해야 하는지 도무지 알지 못하여 어려움을 겪고 있었습니다.

　영혼이 약하다는 것은 마음이 약하다는 것과 같은 말입니다. 흔히 심약하다는 표현을 많이 사용하지요.
　이와 같이 영혼이 약한 이들은 삶이 피곤하고 대인관계에서도 많은 고통을 겪게 됩니다.

　이들은 마음이 여리고 자신이 싫어하는 일이라고 하더라도 남들이 요구하면 거절하지 못합니다. 그리고 근심이 많고 생각이 많습니다. 귀가 얇은 경향이 있고 무엇인가에 잘 빠지기는 하지만 의지와 결단력이 약하여 오래 가는 것이 없습니다. 이들은 두려움에 쉽게 사로잡히며 상처를 잘 받습니다.
　남들에게 일방적으로 끌려갈 때가 많기 때문에 대인 관계에서도 피곤함을 느낍니다.

그렇다면 이러한 증상들에는 해결책이 없는 것일까요?

물론 아닙니다. 영혼의 원리와 자신의 기질과 사명을 이해하면 그것은 그리 어렵지 않게 극복될 수 있습니다. 그것을 이해하고 적용하지 못하면 평생을 고생하면서 살아갈 수도 있겠지요.

나는 이와 같이 영혼이 약하여 고통을 호소하는 이들을 수 없이 상담하고 도와주었습니다. 잠시의 대화를 통해서도 그들이 영적인 원리들을 깨닫고 기쁨과 자유함을 얻게 되는 것은 즐거운 일이었습니다. 그러나 수도 없이 비슷한 이야기를 반복하다가 나는 지쳐버렸습니다. 그래서 이러한 내용을 간단하게 정리하여 책으로 만드는 것이 좋겠다는 생각을 하게 되었습니다.

부디 이 책이 약한 영혼, 여리고 민감한 영혼의 성향을 가진 이들에게 힘이 될 수 있기를 바랍니다. 이 책을 잘 이해하고 적용한다면 자유함을 얻고 이전에 알지 못했던 행복감을 누릴 수 있을 것이라고 믿습니다. 부디 승리하십시오. 샬롬!

2003. 4. 정원

1부
약한 영혼의 상태와 원인

1. 영혼의 눌림

최근에 어떤 독자와 상담을 하게 되었습니다. 30대의 여집사님인 그녀는 대인 관계에서 어려움을 겪고 있었습니다. 그녀는 성품이 너무 약해서 쉽게 상처를 받고 그것이 잘 아물지 않았습니다.

그녀는 작은 교회에서 신앙 생활을 하면서 사모님께 도움을 받고 있었는데 사모님의 성품이 너무 강해서 견디기 몹시 힘들었습니다. 사모님은 성품이 강한 스타일의 사람이었고 그녀는 아주 사소한 말에도 상처를 받곤 했습니다.

그녀는 견디다 못해서 교회를 옮겼는데 여전히 그 사모님은 자주 전화를 걸어서 이야기를 한다는 것입니다. 그녀는 사모님을 생각하기만 해도 가슴이 뛰고 힘들다면서 전화로 통화를 하는 중에도 계속 울기만 했습니다.

그녀는 사모님이 밉거나 싫은 것은 아니라고 했습니다. 그런데 왜 가까이 있기만 해도 그리고 목소리를 듣기만 해도 가슴이 뛰고 힘들어지는지 모르겠다는 이야기를 했습니다.

그 정도의 이야기만 들어도 그녀의 영적인 상태가 어떤 상태인지는 충분히 이해할 수 있기 때문에 나는 그녀에게 이것저것을 물었습니다.

"평소에 자신이 싫어하는 것을 남들이 요구할 때 잘 거절하지 못하시죠?"

"네. 정말 그래요. 너무 속이 상해요."

"하고 싶은 이야기가 있어도 막상 하지 못하고 집에 와서 혼자서 속만 썩이시죠?"

"네. 정말 맞아요."

"남의 눈치를 지나치게 보느라고 말이나 행동이 참 불편하지요? 혹시 집사님이 하신 말에 상대방이 상처를 받지나 않았는지 확인해 보기도 하고 그러시지 않나요? 그런데 막상 상대방은 전혀 알지도 못한 경우는 없나요?"

"없기는요. 아주 자주 있는 일이지요. 어쩌면 그렇게 잘 아세요?"

"누군가 곁에 있는 사람이 기분이 나쁘거나 화가 나 있으면 괜히 같이 마음이 불안하고 두렵지요?"

"예. 항상 그래요."

"무엇인가에 잘 빠져서 열심히 하다가도 조금 지나면 그 열정이 금방 식어버리시지요? 그래서 잘 해봐야 작심 3일인 경우가 많지요? 그래서 자기도 자신을 믿기가 어렵지요?"

"예. 정말 그래요. 저 정말 문제가 심각한 거죠?"

"막상 사람들 앞에 가면 마땅히 해야할 말을 잊어버리게 되고 그래서 집에 와서 후회하고.. 그러다 보니 공상만 늘게 되지 않나요?"

"예. 정말 그대로예요. 마치 저를 보시고 계신 것 같네요."

"참 근심과 불안이 많으시지요. 어떤 사소한 일이 있어도 아주 신경을 많이 쓰고 일이 끝나기 전까지는 잠도 잘 못 주무시지 않나요?"

"예. 정말 그래요. 그래서 살기가 정말 힘들어요. 목사님. 방법이 있는 건가요?"

"예. 물론입니다. 제가 증상을 충분히 알고 있다는 것은 치유책이 충분히 있다는 이야기도 되지요. 집사님은 자기 혼자만이 그러한 증상을 가지고 있다고 생각하시겠지만 비슷한 증상을 가지고 계신 분들이 엄청나게 많으니까요. 자신의 영혼의 특징을 이해하고 영성의 원리를 이해해서 적용하고 훈련하면 충분히 자기를 바꾸어갈 수 있습니다."

"정말 그랬으면 얼마나 좋겠어요.. 그런데 제가 그 사모님을 생각만 해도 가슴이 뛰는 것은 왜 그럴까요? 제가 그분을 미워하거나 그런 것은 아니거든요."

"그러한 것은 하나의 영적인 작용입니다. 그것은 인격적인 원리에 의한 것이 아니라 하나의 원리, 법칙에 속한 거예요."

"법칙이라구요?"

"예. 그렇습니다. 내 마음의 생각과 감정과 상관없이 이루어지는 자연적인 법칙입니다. 집사님이 아무리 주님을 열심히 믿는다고 해도 절벽에서 뛰어내리면 다치겠지요?"

"예. 그거야 당연하지요."

"집사님이 아무리 기분이 좋아도 날씨가 추우면 추위를 느끼겠지요?"

"예. 물론입니다."

"영성의 원리도 그와 같습니다. 집사님의 마음이나 생각과는 상관없이 집사님의 영이 약하면 상대방을 생각하기만 해도 그 상대방의 영의 영향을 받게 됩니다. 그런데 상대방의 영이 강퍅한 편이기 때문에 집사님의 영이 고통을 느끼게 되는 것이지요."

"그러면 그 사모님에게 문제가 있는 것인가요?"

"물론 그 사모님께도 문제가 있는 것은 사실입니다. 그분의 영이 강한 것이 문제가 아니지요. 영이 강하더라도 공격적이고 날카로운 기운이 없으면 옆에 있는 이들이 고통과 억압을 느끼게 되지는 않습니다. 그분이 강하고 정죄적이고 혈기도 많고 하기 때문에 집사님의 약한 영이 눌려서 고통을 겪는 것이지요.

그러나 더 큰 문제는 집사님께 있습니다. 이 세상에 혈기도 많고 남을 지배하고 누르려고 하고 공격적인 사람들이 얼마나 많은데 그때마다 상처받고 눌리고 도망치고.. 그래서야 어떻게 세상을 살 수 있겠습니까? 그러니 그보다 더 강하고 사나운 분들과 같이 있어도 충분히 자신의 영을 방어할 수 있도록 집사님의 영이 강해져야 하지요."

"그럼, 제 영의 문제는 무엇인가요?"
"한 마디로 말하자면 영이 너무 얇습니다."
"예? 영이 얇아요? 그게 무슨 뜻이지요?"
"영이 얇다는 것은 제가 이해를 쉽게 하기 위해서 만들어낸 표현입니다. 창호지가 무엇인지 아시지요?"
"예. 알지요."
"나무문에다 창호지를 발라서 문을 만들었다고 합시다. 그러면 아주 추운 겨울에 그 문이 바깥의 추위를 막아줄 수 있을까요?"
"아니요. 추울 거예요."
"그렇습니다. 창호지는 너무 얇아서 바깥의 추위로부터 방안을 잘 지켜줄 수가 없어요. 그렇다면 창호지는 아주 나쁜 존재인가요?"
"아니지요. 창호지가 무슨 죄가 있겠어요?"
"맞습니다. 창호지는 얇기 때문에 보온에는 그리 도움이 되지 않습니다. 다만 그것은 하나의 특성일 뿐이지 선하다, 악하다의 문제는 아니지요. 영이 얇다는 것도 그와 같은 것입니다. 자신의 영혼을 지키는 막이 얇은 사람은 바깥의 영적인 기운으로부터 자신을 잘 지킬 수 없어요. 그래서 바깥에 어떤 기운이 있으면 그대로 느끼게 되는 것입니다.

그러니 영이 얇다는 것은 영적인 감각이 예민하다는 것과 같은 것입니다. 그래서 바깥에 혈기가 많은 사람이 있으면 불안하게 느끼게 되고 막이 워낙 얇으니까 누가 무슨 말을 하기만 하면 그 말이 심장에 꽂히게 되어 고통을 겪게 되는 것이지요."

"이제 무슨 말인지 알겠네요. 그러면 영이 얇은 것은 나쁜 것이네요? 영이 두꺼우면 바깥의 영향을 받지 않을 테니까요"

"아니, 꼭 그런 것은 아닙니다. 막이 얇으면 바깥의 영향을 많이 받지만 막이 너무 두꺼우면 그 반대로 바깥의 영향을 너무 못 받게 되지요.
제가 하나 물어 볼게요. 집사님이 말씀하신 그 사모님과 같은 분이 영의 막이 두꺼운 분인데 그분은 남에게 상처를 주고 본인은 전혀 모르지 않나요?"

"예. 정말이예요. 남의 가슴에 못을 박아놓고 자기는 전혀 모르더라구요. 나중에 이야기를 하면 악의는 없었다고 하더군요."

"예. 바로 그것이 영이 두꺼운 사람의 특성입니다. 그런 분은 눈물은 별로 없고 혈기가 많을 거예요. 그러한 분들이 남의 마음을 느끼지 못하는 것은 영이 너무 두껍기 때문입니다.

창호지로 문을 만들면 바깥의 더위와 추위를 그대로 느끼게 되지만 그렇다고 철문으로 문을 만들게 되면 바깥의 공기가 전혀 통하지 않으니 답답하겠지요. 그와 같이 영이 너무 두껍게 되면 남의 마음을 전혀 느낄 수 없고 이해할 수 없기 때문에 자기는 남에게 고통을 받지 않겠지만 대신에 남에게 고통을 많이 주게 됩니다. 그리고 남의 고통에 대해서 전혀 아무 느낌이 없지요."

"그러면 영이 너무 얇아도 안 좋고 너무 두꺼워도 안 좋은 거네요?"

"예. 그렇습니다. 그렇기 때문에 영의 균형이 잡혀야 하는 것이지요. 영이 어느 정도 성장하고 영의 기능이 발전하게 되면 자신의 영을 자유롭게 조절할 수 있게 됩니다. 필요에 따라서 영을 부드럽게 만들기도 하고 또는 영을 강건하게 만들기도 하고.. 그렇게 할 수 있게 되는 것이지요.

예를 들어서 사람들을 위로해야 할 때에는 영을 부드럽고 섬세하게 만들어야 합니다. 그러나 영적인 어둠의 권세와 부딪힐 일이 있을 때는 영을 강건하게 해야하지요. 영의 상태를 그렇게 자유롭게 바꿀 수 있을 때 정말 자유롭고 풍성한 사람이 될 수 있는 것입니다.

집사님 같은 분은 위로는 잘 하시지만 꾸짖는 것은 아마 하기 어려우실 겁니다. 또한 그 사모님과 같은 분은 잘 꾸짖지만 위로하고 사랑을 표현하는 것은 잘 못하시겠지요. 영의 성장과 균형이란 때에 따라서 주님께서 강한 용사로 사용하실 수도 있고, 부드럽고 사랑스러운 눈물의 사람으로 사용하실 수도 있도록 자신을 내어드리기 위해서 필요한 것입니다. 하지만 그러한 균형과 조화는 일단 나중의 이야기이고 집사님은 자신의 영을 강화시키기 위해서 구체적인 훈련을 해야합니다."

집사님은 연신 탄성을 발하면서 이야기를 듣고 있었습니다.

나는 그녀에게 영을 강건하게 하는 몇 가지의 간단한 방법을 알려주고 전화 상담을 마쳤습니다. 고통스러운 눈물로 말을 시작했던 그녀는 마음이 너무 편안하고 가벼워졌다고 꼭 그렇게 자신의 영을 강하게 하겠다고 다짐했습니다.

그녀는 교회에서 평신도 사역자로서 온갖 훈련을 다 받았었습니다. 몇 년간 그녀는 사역에 열심을 기울였습니다. 그러나 대체로 많은 사역들이 일 자체에 집중되어 있어서 본인의 영적 상태를 자유롭고 풍성하게 하는 데에는 그리 도움이 되지 않기 때문에 그녀는 몇 년간의 사역 후에 아주 탈진이 되어버렸습니다.

그제서야 그녀는 비로소 영성에 대해서 관심을 가지게 되었고 서점에서 우연히 나의 저서인 〈영성의 원리〉와 〈주님을 경험하는 100가지 방법〉을 발견한 후에 비로소 해방의 길이 보이는 것 같아서 나에게 연락을 한 것이었습니다.

그녀가 다짐한 대로 이제 새롭게 자신을 변화시키기 위하여 꾸준하게 영성을 강화시키는 기도를 드린다면 그녀는 머지 않아서 점점 해방과 행복을 경험하고 누리게 될 것입니다. 무엇이 문제인지 그 현상과 원리에 대해서 바르게 이해하기만 하면 다소 시간은 걸리겠지만 그 영은 풀려지기 때문입니다.

나는 이와 비슷한 이야기를 수도 없이 많이 들었습니다. 그녀와 같이 영이 약하고 눌려서 신음하면서 사는 이들, 그리스도인이지만 주를 따르는 사람으로서의 행복과 기쁨을 잘 모르고 사는 이들을 너무나 많이 보았습니다.

나는 그렇게 약한 영, 얇은 영혼을 소유한 모든 이들이 이제 자신의 상태를 이해하고 훈련하여 강하고 충만하고 풍성한 삶을 살게 되기를 기대합니다. 그렇게 될 때 진정 주님의 풍성한 복음의 역사는 더욱 더 확장될 수 있을 것입니다.

2. 약하고 민감한 영혼

위와 같은 증상을 호소하는 이들은 참 많습니다. 그들은 정말 고통을 겪고 있지요. 대인관계에서 아니 삶의 모든 영역에서 고통을 겪습니다.

그러나 자신이 왜 고통을 겪고 있는지, 문제가 무엇인지, 그리고 어떻게 해결과 변화를 경험할 수 있는지에 대해서는 잘 알지 못합니다. 그저 자기 팔자라고 생각하고 피곤하고 힘들게 살 뿐입니다.

그들은 다른 사람들이 자기와 같지 않은 것을 보고 충격을 받습니다. 예를 들어 이런 사람은 다른 사람에게 부탁을 하는 것을 몹시 미안하게 생각합니다. 그래서 다른 사람들이 남들을 함부로 마구 부리는 것을 보면 이해하기가 어렵습니다.

이런 분들은 남에게 빚을 지게 되면 그것을 갚기 전까지는 잠도 제대로 자지 못할 것입니다. 그러니 다른 사람들이 태연하게 빚을 질 뿐 아니라 떼어먹기까지 하는 것을 보면 도무지 이해할 수가 없게 됩니다. 따라서 당연히 남을 정죄하게 되지요.

물론 빚을 떼어먹는 것은 잘못된 일이지만 그러한 성향을 가질 수 있는 기질의 사람이 있고 그렇지 않은 사람이 있다는 차이를 인식하여야 하는 데 그들은 모든 사람들을 다 자신의 관점에서 보기 때문에 '어떻게 저렇게 하고 살 수 있을까..' 하고 생각하게 되는 것입니다.

이러한 사람들은 근본적으로 자신의 영혼의 껍질이 얇다는 것을 기억해야 합니다. 쉽게 표현하자면 옷을 얇게 입고 다니는 것입니다. 추운 겨울에 옷을 얇게 입으면 당연히 추울 수밖에 없지요. 그러니 그가 가지고 있는 대부분의 증상들은 바깥의 추운 기운을 그가 민감하게 느끼는 것에 불과합니다.

 옷을 두껍게 입었다면 어떨까요? 물론 바깥이 아무리 추워도 별로 영향을 받지 않게 됩니다. 그는 밖이 아무리 추워도 떨지 않고 태연하게 활동을 할 수 있지요. 다만 옷이 두꺼운 만큼 활동이 불편해지는 것은 어쩔 수 없는 일입니다.
 영혼의 껍질이 얇은 사람은 옷을 얇게 입은 것과 같이 바깥의 영향을 많이 받을 수밖에 없습니다. 그러니 그들은 바깥으로부터 자신의 영혼을 방어하지 못하고 쉽게 충격을 받는 것입니다. 그렇기 때문에 그들은 한 마디의 말로 인하여 깊이 상처를 받고 마음이 상하게 되는 것이지요.

 영혼의 중심은 심장입니다. 영혼에 대한 많은 이야기들, 혼이다 영이다, 영의 기능이 어떻고 혼의 기능이 어떻고 양심이다, 직관이다 하는 식의 많은 분류들이 있지만 실제적인 영적 세계는 그렇게 복잡하지 않습니다. 그런 것들은 다 이론이나 개념을 좋아하는 이들이 만들어내는 것입니다.
 영혼은 곧 심장이며 그 핵심기능은 애정입니다. 누구나 실연을 당하게 되면 가슴이 에어지는 것 같이 느껴지게 되지요. 그처럼 생명의 중심은 가슴에 있습니다. 머리에 의식이 없는 상태는 뇌사 상태이지만 완전한 죽음은 아닙니다. 그러나 심장이 멎으면 완전히 죽은 것입니다. 그 때부터 몸이 썩기 시작하지요.

가슴은 영혼의 중심이며 머리의 생각은 그 영혼을 표현하는 하나의 기능입니다. 그리고 몸은 이 영혼을 보호하고 표현하는 하나의 껍질과 같은 것입니다.

  사람의 구조는 간단합니다. 사람은 가슴과 머리와 몸으로 나뉘어져 있습니다. 영혼은 곧 가슴과 머리로 형성되어 있으며 몸에 의해서 보호를 받습니다. 그래서 은혜를 받을 때 머리는 말씀을 이해하며 그것이 실제가 되면 가슴, 심장이 바뀌게 됩니다. 그리고 몸에 임하는 것은 은사이며 권능입니다.

  그러므로 영혼의 껍질이 약하다는 것은 쉽게 말해서 몸에 임하는 권능의 기름부음이 부족한 것입니다. 이런 이들은 감성적으로 예민하여 사랑과 애정이 많거나 머리에 은혜를 많이 받아서 지혜도 있고 합리적입니다. 그러나 몸에는 별로 은혜가 임하여 있지 않기 때문에 무기력하고 연약한 것입니다.

  항상 모든 생명체는 안에 그 생명의 중심이 있고 바깥에는 외부로부터 자신을 방어하기 위한 껍질이 있습니다. 껍질이 약하면 생명을 지킬 수 없기 때문에 항상 외곽에는 바깥의 침투에 대비하여 방어하기 위한 힘이 필요합니다.

  한 국가의 수도는 그 나라의 중심부에 있습니다. 그리고 그 나라의 외곽에는 나라를 지키기 위한 군대가 주둔하고 있습니다. 이 군대가 없거나 힘이 약하면 나라가 유지되는 것이 어려울 것입니다.

  사람이 옷을 입는 것도 바깥의 추위로부터 체온을 보호하기 위한 것입니다. 사람은 동물과 달리 피부가 약하기 때문에 옷에 의존해야 합니다.

  우리가 예수 그리스도를 영접하고 모시는 것과 예수 그리스도로 옷 입는 것은 다른 것입니다. 주님의 지배를 받는 것은 내적인 생명을 얻기 위한 것입니다. 그러나 그리스도로 옷 입는 것은 권능에 속한 것입니다. 그것은 외적인 공격으로부터 자신을 지키기 위한 것입니다. 그러므로 바울 사도도 영적 전쟁을 위하여 전신갑주를 입으라고 말씀합니다.(엡 6:11)

영혼이 약하고 여린 이들은 바로 이 갑옷을 제대로 갖추어 입지 못한 사람들입니다. 그러므로 그들이 이 세상에서 돌아다니는 어둡고 악한 영들에게 화살을 맞고 독침을 맞고 영혼 깊숙이 상처가 생기는 것은 아주 당연한 일인 것입니다.

사람들은 영적 전쟁에 대해서 아주 피상적으로 생각합니다. 머리에 무서운 뿔이 달린 마귀가 그 뿔로 치받을 것이라고 생각합니다. 그러나 악한 영들은 그처럼 피상적이지 않습니다.

악한 영들은 곧 세상의 영입니다. 그들은 사람을 사용해서 일합니다. 사람들 속에서 움직이고 일하고 있는 영들, 그들이 악한 영들입니다.

그들은 사람들의 속에 두려움이나 절망, 근심, 분노와 한숨, 짜증, 미움을 일으킵니다. 그리고 사람들의 입을 통해서 흘러나옵니다. 영의 껍질이 약한 이들은 고스란히 그러한 악한 기운을 받아들이게 되며 그가 외곽에 군대를 주둔시키지 못하고 있기 때문에 그의 왕국, 그의 영혼은 항상 곤고하고 눌리게 되는 것입니다.

이러한 부분에 대해서 충분히 이해하게 되면 그는 자신을 변화시킬 수 있습니다. 자신의 문제가 무엇인지 알게 되면 그는 해방의 길을 경험하게 됩니다. 실상 영혼을 강건하게 하고 충만하게 하는 것은 그리 어려운 일이 아닙니다. 그 원리와 급소를 알게 되면 변화에는 그다지 많은 시간이 필요하지 않습니다. 다만 바르게 이해하는 것이 필요합니다.

아직 그러한 원리와 체계를 이해하지 못해서 많은 눌림과 고통 속에 있던 분들은 이제 분명하게 깨닫고 자신의 영혼을 강건하게 해야 합니다. 충만한 권능의 세계를 경험하여야 합니다.

부디 권능을 받으십시오.
당신의 영혼을 지킬 수 있는 강력한 힘으로 무장하십시오.
그것은 그리 어려운 길이 아닙니다.
당신이 영혼을 지킬 수 있는 충만한 힘과 능력을 경험하게 될 때 당신은 더 이상 불안해하지 않을 것입니다. 그리고 진정 자유로운 삶을 살 수 있게 될 것입니다.

3. 임산부, 노약자, 민감한 영혼

　폭력적이거나 좋지 않은 TV의 프로그램이나 영화에는 '임산부나 노약자는 시청하지 마십시오' 라는 문구가 자주 등장합니다.
　그 이유는 무엇일까요? 왜 같은 내용이 특별하게 임산부나 노약자들에게 더 나쁜 영향을 주는 것일까요?
　그것은 그들의 흡수성 때문입니다. 임산부나 노약자들은 영적으로 아주 예민한 상태입니다. 그러므로 그들은 악하고 나쁜 영향력을 바로 받아들입니다. 물론 그것은 아주 해롭지요.
　나는 그 경고의 문구에 한가지를 더 추가하고 싶습니다. 즉 이런 것이지요. '이 프로그램은 임산부와 노약자, 그리고 영혼이 얇고 민감한 이들도 시청하지 마십시오.' 라고 말입니다.

　어린아이들은 영혼의 껍질이 아주 얇습니다. 그들은 영계에서 이 물질계로 온지 얼마 되지 않았습니다. 그러므로 그들은 아주 예민하고 여린 영혼을 가지고 있으며 이 세상에 있는 악한 영들로부터 자신을 방어할 수 있는 능력이 없습니다. 그래서 그들에게는 보호자가 필요합니다.
　상처받은 어린 시절에 대한 내적 치유의 기도가 필요한 것도 그 때문입니다. 어린 시절에는 그 영혼을 지키고 보존할 수 있는 껍질이 약하기 때문에 외부의 고통이나 상처에 그대로 노출됩니다. 그러므로 부모와 같은 보호자들이 어린 아이를 사랑으로 잘 보호하지 않고 분노나 미움 등의 고통과 충격을 가했다면 그 아이의 영혼은 기본적인 형태가 망가질 수 있는 것입니다.

어린아이들은 이성이 충분히 자라지 않았습니다. 그런데 이 이성과 합리성의 발전도 영혼의 껍질과 관련이 있습니다. 즉 생각과 논리가 분명한 사람은 어느 정도 영혼의 껍질이 발전되어 있는 것입니다. 그래서 그들은 이성이 통과시키지 않은 것들을 잘 받아들이지 않습니다. 그러므로 이성은 영혼의 보호 장치라고 할 수 있습니다.

반면에 생각과 이성이 불확실한 사람은 아무 것이나 쉽게 그들의 영혼 속으로 받아들이기 때문에 그 영혼이 안전하지 않은 것입니다. 그런 면에서 어린 아이들은 이성이 충분히 자라지 않았기 때문에 인도자나 보호자의 역할이 중요합니다.

성인들은 대체로 영적인 감각이 둔합니다. 예를 들어서 어린 아이들은 조금만 안수기도를 해 주어도 영안이 열려서 천사도 보고 귀신도 보고 천국도 보고.. 하는 경향이 많습니다. 물론 그것은 그런 경향이 있다는 것이지 그것이 좋다는 이야기는 아닙니다.

그것은 어린아이들이 머리와 합리성이 아직 발전하지 않았기 때문입니다. 그러나 아이들이 차츰 머리를 사용하는 것을 배우게 되면 점차로 영감이 떨어지게 됩니다. 논리적으로 입증되는 것이 아니라면 아무 것이나 잘 받아들이지 않게 되지요. 그래서 영적인 영역이 닫혀지게 되는 것입니다. 이것은 합리적인 서구 사회에서보다 제 3세계에서 더 많은 기사와 이적이 나타나는 이유와 같은 것입니다.

아무튼 어린아이는 그래서 영적으로 민감한 상태에 있습니다. 그러므로 빛에 속한 영도 잘 받아들이지만 살인과 폭력의 영과 같은 어두움의 영들도 잘 받아들이게 됩니다. 그래서 어린아이들은 보고 듣는 것을 조심해야 하는 것입니다.

 노약자도 마찬가지입니다. 어린아이의 영적 민감성이 합리성이 발전되지 않은 단순성에 기인하는 것이라면 노약자의 영적 민감성은 육체적인 연약함에서 기인하는 것입니다.
 이것은 간단한 원리입니다. 어떤 이가 육체적으로 연약할 때 그는 마음도 약해지며 영적으로도 예민해집니다.
 예를 들어서 사람들은 몸이 건강할 때는 복음을 잘 받아들이지 않다가 중병에 걸리면 복음을 받아들이는 경향이 있습니다.
 그것을 보고 기회주의적이라고 비난하는 이들도 있지만 그것은 자연적인 원리입니다. 몸이 약해지게 되면 자연히 내면의 영의 감각이 발전하게 되기 때문에 아주 둔감하고 생각도 없던 이들이 갑자기 생각도 많아지고 느낌이나 감정도 많아지게 되는 데 그것은 몸이 약해지게 되면서 몸에 묶여있던 영이 그 묶임에서 벗어나고 자유롭게 되어 영의 기능이 활발해지기 때문입니다.

 몸이 건강한 사람은 몸의 감각은 발전되어 있지만 영의 감각은 조금 둔합니다. 반대로 영의 감각이 민감한 사람은 몸이 조금 약할 수 있습니다. 그것은 몸과 영혼의 성질이 서로 대립적인 면을 가지고 있기 때문입니다.
 바울의 고백 중에 그가 3층 천의 체험을 하고 놀라운 계시를 받았던 경험을 간증하는 것이 있는데 많은 신학자들은 그러한 초자연적인 경험의 시점이 아마 그가 루스드라에서 돌에 맞아서 거의 죽을

뻔했을 때였을 것이라고 보고 있습니다. (행 14:19)

그 때 사도바울은 복음을 전하다가 핍박을 당하고 돌로 맞아서 죽은 듯이 땅에서 쓰러져 있었습니다. 모든 사람들이 그가 죽은 줄로 알았고 그의 제자들도 그렇게 알고 비통한 심정으로 그의 주위에 둘러서 있었는데 갑자기 죽은 줄 알았던 바울이 일어났습니다. 제자들은 물론 많이 놀라고 기뻐했겠지요.

이와 같은 경험은 최근에 임사체험을 한 사람들의 이야기들, 즉 일시적으로 의학적인 죽음을 경험한 후에 살아난 사람들의 이야기들과 아주 흡사한 것입니다. 그들은 그들의 육체가 잠시 죽음을 겪고 있는 동안 천국에 가서 여러 가지 경험을 했었다고 증언하고 있으며 그러한 그들의 경험은 그들이 깨어난 이후의 삶에 크게 영향을 주게 됩니다.

이런 시각에서 보면 바울의 3층 천 경험은 그의 영혼에게는 풍성하고 놀라운 경험이겠으나 그의 육체에게 있어서는 거의 죽을 정도로 고통스러운 경험이었던 것입니다.

오래 동안 중병을 앓고 거의 식물 인간과 같이 거동을 하지 못하는 이들이 흔히 심오한 영성의 경험을 하기도 합니다. 그와 같이 몸의 연약함과 내적인 영혼의 경험은 서로 연관이 있는 것 같습니다. 그러므로 병자는 영의 세계에 민감할 수 있습니다.

또한 임산부도 몸이 약한 상태이며 태 안에 어린 생명, 스스로 외부세계로부터 자신을 지킬 수 없는 약한 영혼을 가지고 있기 때문에 악한 영들이 침입할 수 있는 프로그램이나 분위기에 접해서는 안 되는 것입니다.

민감한 영혼은 그 영혼의 상태가 바로 어린아이와 노약자나 임산부와 같은 상태인 것입니다. 그들은 외부의 영이 쉽게 침투할 수 있는 사람들입니다. 그러므로 그들은 조심이 필요합니다.

쉽게 외부의 영에 침입을 당해서 고통을 겪고 있는 이들, 예를 들어서 각종 중독의 영에 잡혀있는 이들, 마약이나 도박이나 알콜이나 그러한 영에 잡혀서 비참한 반복을 하고 있는 이들.. 그들도 바로 이렇게 영이 여리고 약한 사람들입니다.

TV는 세상에 가득한 악한 영들을 공급하는 대표적인 도구입니다.

그러나 그렇다고 해서 세상에 대해서 전혀 문을 닫고 살 수는 없겠지요. 다만 TV나 세상을 접하는 것을 조심해야 하는 사람들이 있습니다. 바로 이렇게 영이 민감하고 여린 사람들입니다.

어떤 이들은 드라마나 영화에서 불안한 영들, 두려움의 기운, 폭력이나 살인의 영 등이 돌아다녀도 별로 영향을 받지 않습니다. 그러나 민감한 영혼들에게 그것은 아주 치명적입니다. 그들은 심한 고통을 받게 됩니다.

영이 강하고 껍질이 두꺼운 사람들은 불화살이 날아다닌다고 해도 그것을 맞고 그리 깊은 상처를 받지 않을 것입니다. 그러나 얇은 옷을 입고 돌아다니는 사람들은 그 불화살을 맞을 때 깊은 충격을 받게 됩니다. 그러므로 그들은 세상의 영들에 접촉하는 것을 조심해야 합니다.

아직 그들이 자신의 옷을 두껍게 하고 권능이 임하는 방법을 배우고 영을 스스로 강건하게 할 수 있을 때까지 그들은 자신의 영적 상태가 임산부나 노약자와 같다고 생각해야 합니다.

영이 민감한 것은 좋은 것도 나쁜 것도 아닙니다. 거기에는 장점과 단점이 있습니다. 예를 들어 영이 지나치게 두껍고 둔감한 사람은 바깥의 영향을 잘 받지 않지만 동시에 은혜를 받기도 참 어렵습니다.

반면에 영이 민감한 사람은 은혜도 잘 받지만 쏟기도 잘 쏟으며 은혜의 감동을 잘 유지하지를 못합니다. 그러므로 자신의 영을, 자신의 상태를 객관적으로 잘 분별하여야 합니다.

당신은 이러한 영성의 원리에 대하여 좀 더 이해하고 배우고 적용하여야 합니다. 당신의 이해가 증가될수록 당신은 더 자유롭고 풍성한 삶을 향하여 나아가게 될 것입니다.

4. 약한 영혼의 증상들 1) 쉽게 상처받음

　영혼이 약하고 영혼의 껍질이 얇은 사람은 많은 증상을 가지게 됩니다. 가장 대표적인 것이 상처를 잘 받는다는 것입니다.
　악한 말을 툭툭 던지는 사람은 세상 어디에나 있습니다. 자기의 기분과 마음의 상태에 따라 남에게 화를 내는 사람은 어디에서나 볼 수 있습니다. 지금 우리가 살고 있는 곳은 천국이 아닙니다. 그러므로 우리는 그러한 사람이나 상황에 대하여 대처할 수 있어야 합니다.
　그러나 영이 얇고 민감한 사람은 자신을 방어할 수 없습니다. 그는 한 마디를 듣는 그 순간 바로 충격을 받습니다. 그의 영혼은 평화를 잃어버립니다. 그리고 그는 하루종일 기분이 엉망이 되고 맙니다.

　국가에 군대가 주둔하듯이 영혼의 외곽에는 영혼을 지키기 위한 군대가 필요하다는 이야기를 했었지요. 그래서 적군이라든지, 악한 사람에 대해서는 들어오지 못하도록 막아야 합니다. 그러나 국경에 군대가 없거나 아니면 있다고 하더라도 무기도 화력도 부족한 허약한 군대라면 제대로 나라를 지킬 수 없을 것입니다.
　민감한 영혼은 그와 같이 허약한 군대를 가지고 있는 사람들과 같습니다. 그래서 그들은 외부에서 침입하는 영들의 공격에 대해서 자신의 영혼, 심장을 잘 방어하지 못하지요. 그렇기 때문에 악하거나 공격적인 한 마디의 말을 듣는 순간에 그 말이 주는 악한 파동이 바로 심장에까지 침투하게 됩니다. 그래서 가슴이 떨리고 숨이 막히며 두근거리게 됩니다. 그리고 마치 무엇이 얹힌 것처럼 고통을 느끼게 되지요.

한 마디의 말에는 영적인 힘이 있습니다. 그것은 하나의 에너지이며 말하는 사람의 입을 통해서 흘러나오는 것이지요. 어떠한 말을 통해서 선하고 은혜스러우며 아름다운 영이 충만하게 흐르는 경우도 물론 있습니다. 그러나 또한 말을 통해서 악하고 이기적이고 교만하고 어두움과 불평과 짜증과 미움의 영이 흘러나오는 경우도 적지 않게 많이 있는 것입니다.

그런데 그러한 어두움의 영을 담고있는 말에 대해서 제대로 방어하지 못하고 그 악한 기운, 악한 파장이 심장까지 침입해 들어온다면 어떻게 될까요? 그는 생명 자체가 불안하고 약해질 수밖에 없는 것입니다. 심장은 나라의 중심부이며 사람의 생명이 있는 곳이므로 그 곳을 제대로 방어하지 못한다면 그 사람은 건강하고 충만한 삶을 살수가 없게 되는 것이지요.

그러므로 영의 껍질이 얇다는 것은 곧 영이 약하다는 것이며 그런 상태에서는 그가 아무리 지혜가 많고 머리가 좋고 재능이 많다고 하더라도 그러한 재능과 지혜를 사용할 수 없으므로 그 사람은 무능한 사람이 될 수밖에 없는 것입니다.

그의 안에는 많은 생각과 감동이 있어도 그것을 실천에 옮기지 못합니다. 그는 각종 두려움과 갖은 염려와 불안 때문에 아무 일도 할 수가 없는 것입니다.

심장이 불안한 상태에 있는 사람은 아무 일도 제대로 수행할 수가 없습니다. 그는 영혼의 외곽에 강력한 파워를 가지고 있는 군대를 주둔시켜야 합니다. 그렇게 해서 심장과 영혼을 보호해야 합니다.

영혼의 껍질이 두껍고 강해야만이 사람들은 상처를 받지 않을 수 있습니다. 그리고 외부의 어려움에 의하여 낙심하고 좌절하지 않고 꿋꿋이 나아갈 수 있습니다.

강한 근육과 맷집을 가지고 있는 이들은 맞아도 아프지 않습니다. 그러나 피부가 약하고 체격도 가느다란 사람은 한 대 맞으면 병원에 실려가게 됩니다.

영적으로도 강한 외곽의 파워를 가지고 있는 사람은 눈앞에 칼이 들어와도 눈썹하나 까딱하지 않습니다. 그러나 영이 얇으면 누가 와서 위협하기도 전에 온갖 불안과 두려움에 사로잡히게 됩니다.

영혼이 약하다는 것, 그러므로 자신의 심장을 제대로 보호하지 못한다는 것은 얼마나 큰 비극인지요!

그러나 하나님의 은혜로 영혼의 강건함을 체험하고 이러한 문제점들을 극복하게 될 때 그에게는 새로운 세상이 열리게 될 것입니다.

그것은 자유함의 세계이며 평화의 세계입니다. 흔들림도 상처도 없는 아름답고 풍성한 세계입니다. 당신도 이제 곧 그러한 세계로 나아갈 수 있게 될 것입니다.

5. 약한 영혼의 증상들 2) 생각이 많음

 영혼이 약하고 영혼의 껍질이 얇은 이들의 또 다른 중요한 특징은 생각이 많다는 것입니다. 그들에게는 수시로 많은 생각들이 떠오릅니다. 심한 이들은 현실과 상관없이 떠오르는 수없이 많은 생각들 때문에 집중이 어려울 정도입니다. 남들이 당연하게 여기는 것에도 그에게는 수많은 상념과 의문이 떠오릅니다.
 이런 이들에게 복음을 제시하면 한 마디를 할 때마다 열 가지 질문을 할 것입니다. 그러나 그 질문에 대하여 열심히 대답을 하는 것은 부질없는 일입니다. 그는 그 동안 이미 이십 개의 질문을 제조하고 있기 때문입니다.
 생각은 사람이 제조하는 것이 아닙니다. 그것은 바깥에서, 외부에서 들어오는 것입니다. 사람이 생각한다는 것은 그렇게 외부에서 떠오르는 생각을 수신하고 받아들이는 것이지요. 정확하게 말하자면 생각은 외부에서가 아니고 영계에서 오는 것입니다.

 그러면 왜 민감하고 약한 영혼에게는 생각이 끊이지 않을까요?
 그것은 간단합니다. 그의 영혼에 문지기가 제대로 없기 때문입니다. 다시 말하자면 그의 영혼의 상태는 아무나 쉽게 드나들 수 있는 집과 같은 상태라고 할 수 있습니다. 그러므로 이 영, 저 영, 이 생각, 저 생각, 이런 감정, 저런 느낌들이 수시로 마음대로 그의 안에 들락날락하게 되는 것입니다.

그렇게 되면 어떻게 될까요? 그는 생각과 감정의 기복이 심하고 변덕이 죽 끓듯 하는 사람이 될 수밖에 없는 것입니다.

그는 한 동안 어떤 것에 빠져서 헤어 나오지 못합니다. 거기에 목숨을 걸 것 같이 말하고 행동하지요. 하지만 어느 정도 시간이 지나면 그는 거기에 대해서 관심이 전혀 없어집니다. 대신 다른 것에 다시 열중하고 매달리지요. 물론 그것에 대한 열정도 얼마 가지 않아서 사라집니다.

이런 식으로 그는 일관성이 없는 사람이 되어 가는 것입니다. 그래서 무엇하나 제대로 열매를 맺지 못하고 중간에 조금만 어려움이 오면 좌절하게 되며 나중에는 자신감을 잃어버리고 자기도 자신을 믿지 못하게 되는 것입니다.

사역자들 중에도 영혼이 얇은 사람들은 그의 목회가 한계에 부딪치게 되면 여기 저기 돌아다니면서 온갖 세미나에 참석합니다. 그래서 하나의 방향성을 배우고 거기에 온 힘을 기울입니다. 하지만 얼마 가지 않아서 포기하고 다시 다른 방법을 찾게 되지요. 이러한 증상도 하나의 생각이나 영이 쉽게 그의 안에 들어오고 나가고 하기 때문입니다.

성도들의 경우에는 수 없이 직장을 바꾸든지 다른 일을 하고 싶어 하게 됩니다. 이들은 어떤 일을 간절히 원하다가도 막상 그것이 이루어지면 그 순간부터 그 일에서 벗어나려고 간절히 구하게 됩니다.

예를 들면 어떤 가게에서 물건을 삽니다. 그런데 돈이 모자라서 한참 애걸을 해서 간신히 깎아서 삽니다. 그런데 그 물건을 집에 가져온 후에는 마음이 바뀌어져서 다시 그 가게로 가서 물건을 무를 수 있게 해달라고 사정을 하는 식입니다.

이들은 영적 자유가 없습니다. 그들은 수시로 변하는 생각과 감정을 따라 우왕좌왕할 뿐입니다. 어떤 생각이 그의 안에 들어오면 그는 그 생각에 사로잡히며 다시 다른 생각이 들어오면 그는 다시 앞의 것을 잊어버리고 다른 생각에 사로잡힙니다. 처음의 생각과 두 번째의 생각이 정반대인 경우도 허다합니다. 물론 조금 지나면 다시 처음 생각으로 돌아갑니다.

이런 이들은 어떤 이를 아주 사랑하는 것 같이 열심을 내다가도 어느 순간이 되면 정말 자신이 상대방을 사랑하는 것이 맞는지 갈등합니다. 결혼을 해도 고민하고 안 해도 고민하지요. 문제는 그의 영혼이 자유롭지 않은 것입니다.
그들은 일관성 있게 하나의 비전과 목표를 가지고 추진하지 못합니다. 그들은 일견 겉보기에는 열심이 있고 성실한 것 같지만 약간의 장애물이 생기기만 해도 쉽게 주저앉아 버리고 열심을 잃어버립니다.

영혼의 문이 너무 얇고 문지기가 제대로 없어서 수시로 여러 생각들이 그의 안에 드나들 수 있다면 그는 정말 비참한 사람입니다. 그는 주체성이 없으며 외부에서 떠오르는 생각의 노예가 될 뿐입니다. 그의 인생도 수 없이 떠오르는 그의 생각만큼이나 복잡하고 피곤하게 됩니다.
이들이 생각을 다스리고 자신의 영혼을 지키는 방법은 한 가지입니다. 그것은 영혼의 외곽을 튼튼하게 하고 강하게 하는 것입니다.
영혼의 문에 자물쇠를 분명하게 채우고 현명한 문지기를 세우는 것입니다. 그리하여 수시로 떠오르는 생각과 느낌을 함부로 영혼 속에 들여보내지 않고 잘 점검하여 받아들이고 거부하는 것입니다.

집에 문지기를 세우지 않으면 우리는 집을 방어할 수 없습니다. 우리는 반드시 초대한 손님과 초대하지 않은 손님을 구분해야 합니다.

영혼이 얇은 사람은 혼란스러운 수많은 생각들로 인하여 많은 고통을 겪었을 것입니다. 그러나 영혼이 강건해질 때 그는 많은 생각들로부터 자유로워지게 됩니다. 그는 점차로 단순한 사람이 됩니다. 그리고 사소한 것에 많이 마음을 쓰지 않게 됩니다.

그러한 변화는 단순히 결단만으로 가능한 것은 아닙니다. 거기에는 실제적인 영혼의 강건함과 권능이 필요하기 때문입니다.

성령님의 기름 부으심과 영혼의 훈련을 통하여 우리는 영혼의 강건함을 누리며 생각의 자유함을 경험할 수 있습니다. 영혼의 강건함을 통하여 그러한 생각의 단순함과 명료함을 맛보게 될 때 그것은 우리에게 또한 복음이 될 것입니다.

6. 약한 영혼의 증상들 3) 귀가 얇음

영혼이 약하고 영혼의 껍질이 얇은 이들의 특성 중의 하나가 정서적인 기복이 심하며 끈기가 부족하다는 것을 이야기했습니다.

또한 이들은 귀가 얇아서 다른 이들의 말에 잘 휩쓸립니다. 집회에 가면 은혜도 잘 받고 감동도 잘 받지만 또한 동시에 TV의 쇼핑 프로그램을 보아도 역시 잘 듣고 잘 믿고 물건을 잘 삽니다.

이들은 사람들의 말을 잘 믿고 영향을 많이 받습니다. 그러나 일관성이 없는 이유는 그가 받은 영향력과 에너지는 다른 사람의 것이지 자신의 것이 아니기 때문입니다.

그는 다른 사람들과 같이 있을 때는 상대방의 영향력 가운데 있지만 혼자 있어서 다른 사람의 영향을 받지 않고 제 정신인 상태에 있을 때는 그것을 유지하지 못합니다.

예를 들어서 어떤 영혼이 약한 사람이 전도 폭발 훈련에 갔다고 합시다. 그는 집회에서 은혜를 받고 한 동안 전도를 하지 않으면 마치 죽는 것 같이 생각할 것입니다. 물론 조금 있으면 그러한 마음은 사라집니다.

또는 내적 치유 세미나에 다녀왔다고 합시다. 그는 모든 이들에게 이것이 정말 필요한 것이라고 강조하여 말할 것입니다. 그러나 조금 지나면 그는 자신이 말한 것조차도 다 잊어버리게 됩니다.

그것은 그가 독립적인 에너지를 가지고 있지 않으며 다른 사람들의 영향을 통해서만 움직일 수 있기 때문입니다.

그는 항상 누군가에게 의지해야 합니다. 그러므로 그는 혼자가 되면 모든 것을 다 잊어버리게 되는 것입니다. 물론 다시 그러한 세미나에 가게 되면 그는 다시 한 동안 그 기운에 잡혀 살게 될 것입니다.

이처럼 영혼이 얇은 사람들은 독립이 어렵습니다. 스스로 무엇인가를 하는 것을 힘들게 생각합니다. 그러므로 무엇을 한참 추구하다가도 다른 이들이 강하게 반대를 하면 그것을 계속 추진할 힘이 그에게는 없습니다.

이러한 것들은 다 그가 영적인 힘이 부족해서 남의 영향을 많이 받게 되기 때문입니다.

또한 재미있는 현상이 있는데 이렇게 영혼이 민감하고 약한 사람들은 대화 중에 자기가 할 말을 자주 잊어버린다는 것입니다. 흔히 농담 삼아서 치매가 빨리 왔다는 이야기를 하곤 하는 데 거기에는 이유가 있습니다.

이러한 이들은 특히 싸움에 소질이 없습니다. 자기의 의사와 입장을 당당하게 표현하고 상대방을 몰아 붙이는 데에는 전혀 소질이 없습니다. 아니, 그런 것은 생각만 해도 스트레스를 받는 편입니다.

이러한 사람이 자기에게 손해를 입힌 어떤 사람에게 따지러 갔다고 합시다. 그런데 상대방에게 자기의 입장을 잘 표현해야 하는데 그만 이야기를 하다가 다 잊어버리고 말았습니다. 그리고 상대방의 잘못을 지적해야 하는데 상대방이 자기 변명을 그럴 듯 하게 이야기 하자 그것을 추궁하기는 커녕 미안하다고 사과만 하고 집으로 옵니다.

그런데 집에 와서 생각을 하니 기가 막히는 것입니다. 상대방의 말도 안 되는 이야기에 자기가 넘어갔다고 생각하니 마구 화가 치밀어 오릅니다. 나는 왜 그 때 이렇게 이야기하지 못했을까 생각이 들면서 속이 상하게 됩니다.

그래서 다시 만나게 되면 이렇게 이야기를 해야지 하고 생각합니다. 하지만 다시 만나게 되어도 상황은 마찬가지입니다. 이번에도 역시 아무 이야기도 못하고 '아, 그래.. 내가 오해했었어.. 정말 미안해..' 하고 대답하고 그는 집으로 옵니다.

물론 집에 와서는 다시 스트레스를 받지요. 그리고 정말 자신이 미워집니다. 결국 그들은 현실에서는 아무 말도 못 하고 있다가 혼자서 공상 속에서는 온갖 이야기를 합니다.

상상 속에서 상대방에게 화풀이를 하기도 하고 상대방이 쩔쩔매는 공상 속에 잠기기도 하지요. 그래서 상상 속에서는 아주 담대하고 유능합니다. 그러니 현실에서는 무기력하고 자꾸 상상의 세계 속으로 도피하게 되는 것입니다.

이런 이들은 겉으로 온유하고 착하게 보입니다. 하지만 그들의 속에는 그런 식으로 쌓여진 스트레스가 많이 축적되어 있습니다. 그래서 겉에 드러나지 않는 많은 분노를 가지고 있게 되지요. 이런 것이 나중에 화병이 되는 것인지도 모릅니다.

이런 사람들은 그 쌓인 화를 주로 가까이에 있는 사람들, 특히 어린 자녀와 같이 자기보다 더 연약한 이들에게 폭발시키는 것이 보통입니다. 그 외의 멀쩡한 사람들과는 그들의 분노를 표현하며 싸울 자신이 없으니까요. 그러니 내성적이고 영혼이 약한 이들 밑에서 자라는 자녀들도 참 안쓰러운 것입니다.

물론 이들은 마음이 섬세하고 착하기 때문에 그러한 자신의 모습에 대해서 죄책감을 가지게 되고 어린 자녀들에게 미안하다고 울기도 하겠지요. 그러나 자신이 바뀌어지지 않는 한 그것은 순간일 뿐이고 그는 여전히 다시 비참한 반복을 하게 되는 것입니다.

자, 이러한 현상은 왜 일어나는 것일까요? 왜 그는 자신이 마땅히 해야할 이야기를 잊어버릴까요? 그가 머리가 나쁜 사람도 아닌데 상대방의 앞에 가면 할 말을 잊어버리는 것은 어떤 이유일까요?

그것은 그의 영혼이 상대방에게 제압되기 때문입니다.

말이란 영혼으로부터 나오는 것입니다. 생각이란 바로 영혼의 작용이며 우리는 그것을 말로써 표현하게 됩니다. 그런데 영혼의 힘이 너무 약하여 강한 영혼의 소유자에게 그의 영혼이 묶여져 버리게 되면 그의 영혼은 자유롭게 활동하지 못하게 됩니다.

그러니 그의 영혼은 순간적으로 기능을 발휘하지 못하여 움직일 수 없게 되며 그래서 아무런 생각이 안 나게 되는 것입니다.

물론 그러한 생각의 정지 상태는 일시적인 것입니다. 그 사람이 상대방을 떠나서 혼자 있게 되면 그의 영혼은 다시 활동을 시작하게 되지요. 그래서 그는 다시 자기에게 돌아와 평소에 그가 생각하던 대로 생각을 할 수 있게 되는 것입니다.

이렇게 영이 약한 이들이 많은 사람들 앞에 서는 것은 상상하기도 어렵습니다. 물론 역시 말을 다 잊어버리게 되지요. 대중을 그의 영으로 제압을 해야 말을 할 수가 있는데 그의 영혼이 대중의 영에게 묶여 버리기 때문입니다.

영이 약한 사람은 혼자 있을 때나 몇 명 앞에서는 노래를 잘 하다가도 많은 사람들의 앞에 서게 되면 목소리도 떨리고 전혀 할 수 없게 됩니다. 물론 이것도 역시 그의 영이 약하기 때문에 대중을 제압하지 못하고 그들에게 제압되어 버리기 때문이지요.

영이 약하여 남에게 눌리는 이들은 얼마나 비참하고 굴욕적으로 살아야 하는지요. 그것은 정말 비참한 일입니다. 이들은 남들에게 생각이 제압되고 감정이 제압되며 의지가 제압됩니다. 그래서 자기가 원하는 대로 살아갈 수가 없습니다. 그래서 항상 그에게 명령하고 요구하는 이들에 의해서 끌려 다니며 살아가야 합니다.
자신이 그것을 원해서 자신의 의지로 그렇게 하는 것이라면 그것은 좋은 일이겠지요. 그러나 이들은 그것을 원치 않으면서도 힘이 없어서 그렇게 눌려 사는 것입니다.

이러한 이들은 억압적인 사람 앞에서는 기도 펴지 못합니다. 그러나 이들은 그들을 위로하고 인격적으로 대해주며 용기를 주는 이들에게는 마음껏 그의 재능과 능력을 나타내게 됩니다. 대체로 말이 없고 표현을 잘 못하는 사람이 어쩌다가 말이 통하는 사람을 만나게 되면 이야기에 빠져서 밤을 새우기도 하는 것은 이러한 이유 때문입니다.

자, 이것은 얼마나 비참한 상태인가요. 남들의 영에게 눌려서 자신의 고유하고 자연스러운 마음과 영을 표현하지 못하고 남들의 영향력 속에 항상 있으며 그렇게 끌려가면서 살아가야 한다는 것, 그것은 정말 불쌍하기 짝이 없는 일입니다.

그러나 그 이외에도 눌린 영혼의 증상은 아주 많습니다. 비참한 일이기는 하지만 그러한 상태와 증상에 대하여 조금 더 생각해 보아야하겠습니다. 왜냐하면 자신의 증상이나 상태에 대하여 충분히 이해하고 그 이유를 알 수 있어야 해방과 자유의 법칙도 깨닫게 되는 것이니까요.

7. 영이 약한 이들의 무기 – 자해

영혼이 약한 이들의 무기는 바로 자해입니다. 스스로를 치고 스스로를 깨뜨리는 것입니다. 그것이 그들의 유일한 무기입니다. 몹시 비참한 일이지만 이것은 사실입니다.

영혼이 약한 이들은 싸움 자체를 좋아하지 않습니다. 그것은 정말 그들에게는 체질에 맞지 않는 일입니다. 그들은 싸울 생각만 해도 온 몸에 긴장이 됩니다. 그들은 누군가와 맞서야 한다는 것을 생각만 해도 피곤해집니다. 만일 그러한 상황에 할 수 없이 부딪혀야 한다면 그들은 그러한 상황이 오기 전부터 심장이 뛰기 시작할 것입니다.

그들은 영적인 에너지가 모자랍니다. 남을 공격하기 위해서는 방어하는 것보다 몇 배의 에너지가 있어야 하는데 그들에게는 그러한 에너지가 없습니다. 그러므로 그들에게는 전쟁이 피곤한 것입니다.

어떤 이들은 남들과 불편한 관계를 가지고 있으면서도 편안하게 잘 삽니다. 그러나 이러한 이들에게는 그것은 바로 지옥과 같은 삶을 의미합니다. 그들의 입장에서는 남의 가슴을 뒤집어 놓고도 아무 가책이 없이 편안하게 사는 사람이 정말 대단해 보입니다.

이들은 아귀다툼을 하면서 남들과 경쟁을 하고 무엇을 얻기 위하여 투쟁을 해야하는 상황이 온다면 자신을 비참하게 느낄 것입니다. 차라리 포기하는 것이 더 낫다고 생각하겠지요.

이들은 모욕을 당하거나 부당한 대접을 받더라도 거기에 대해서 자신을 방어하거나 자신의 입장을 내세우지 못하는데 그것은 그들이 성화되었거나 속에서 전혀 분노를 느끼지 않기 때문이 아니라 그럴 만한 힘이 없기 때문입니다. 용기가 부족하니 할 수 없이 참는 것이지요. 그러니 속에서는 상처와 고통이 증가될 수밖에 없는 것입니다.

흔히 한 사람을 놓고 두 사람의 연적이 그를 차지하기 위해서 싸우는 모습이 드라마에 많이 등장합니다. 그러나 이런 경우에 영혼이 약한 이들은 먼저 포기할 것입니다. 이러한 이들은 상대방이 먼저 따라오지 않는 이상 자기가 적극적으로 애정을 표현하는 것에 어려움을 느끼게 되니까요.

이들은 자신이 상대방을 아무리 좋아한다고 해도 상대방이 반응이 없으면 그냥 포기를 하고 마는 사람입니다. 그러니 이런 이들에게 있어서는 싫다는 사람을 열심히 쫓아다니면서 자기에게 오라고 떼를 쓰는 사람이 이해가 되지도 않고 또 한편 부럽게 느껴지기도 하는 것입니다.

자, 그러나 이러한 사람이라고 하더라도 삶을 살아 가다보면 어쩔 수 없이 전쟁에 부딪치게 마련입니다. 처음 보는 사람과야 싸우지 못하겠지만 가까운 사람들과는 익숙해져있기 때문에 어느 정도 자신의 입장을 표현하게 될 것입니다. 그러한 경우에 이들은 어떻게 싸울까요? 바로 자신을 치는 방법을 통해서 그들은 싸우는 것입니다.

사람은 누구나 공격성을 가지고 있습니다. 기질적으로 성품이 강한 이들은 남에 대한 공격성을 가지고 있으며 영혼이 약하고 성품이 약한 이들은 자신에 대한 공격성을 가지고 있습니다.

전자는 툭하면 남을 원망합니다. 예를 들어서 학생이 공부를 제대로 안 해서 시험을 망쳤다고 합시다. 이 경우에 자신이 잘 공부할 수 있도록 부모가 제대로 도와주지 않았다고 원망을 하는 식입니다.
영혼이 얇은 이들에게는 그런 식으로 생각을 하고 사는 사람들이 이해가 되지 않겠지만 세상에는 그런 식으로 생각하고 살아가는 이들이 아주 많이 있습니다. 그들은 모든 것을 다른 사람의 잘못으로 돌리는 경향이 아주 많지요. 심지어 하나님께 모든 잘못을 돌리는 이들도 많이 있습니다.

그러나 영혼이 약한 이들은 대체로 자신에 대한 좌절과 분노가 많습니다.
강한 기질의 사람들은 아주 극단적으로 어려운 상황이 되었을 때에 거의 죽을 수밖에 없는 상황이 되면 그것이 남 때문이라고 생각하고 다른 이들을 해하려고 하거나 혼자 죽기 싫다고 남을 죽이려고 합니다. 그러나 후자의 경우에는 조용히 자기 혼자 책임을 지고 죽으려는 성향을 가지고 있습니다.

여기에서도 남을 향하여 공격성이 나타나는 이들이 있고 자기를 향하여 공격성이 나타나는 이들이 있는 것을 볼 수 있는 것입니다. 전자는 막다른 골목에서 타살의 영이 올 수 있지만 후자는 주로 자살의 영이 옵니다. 이처럼 영혼이 약한 이들은 남을 치지 않고 자신을 치는 경향이 있는 것입니다.

영혼이 약한 이들은 다툼이나 분쟁이 있을 때 상대방을 공격하는 것보다 자신의 고통을 호소합니다.

예를 들어 외적인 사람들은 '당신 정말 이럴 수 있어요?' 하고 공격합니다. 상대방의 행동이 부당하다는 것이지요.

그러나 약한 영혼은 '내가 얼마나 힘들었는지 알아요?' 하는 식입니다. 상대방을 공격하는 것이 아니라 자기의 비참함을 표현하는 것입니다.

공격성이 많은 이들, 예를 들어서 남편이 불같이 화를 내며 화를 터뜨리는 이들이 있다고 합시다. 이런 경우에 아내도 비슷한 성품이라면 그 집에 남아나는 가구가 없겠지요.

그런데 약한 영혼은 이러한 경우에 상대방을 직접 공격하지 않습니다. 대신 자신이 쓰러지지요. 그리고 한 동안 식음을 전폐하고 누워있거나 아프게 됩니다.

즉 이들의 공격과 방어의 방법은 상대방의 폭력에 대해서 직접 폭력으로 대응하는 것이 아니라 '나는 당신에게 전혀 상대가 되지 않으니 나에게 더 이상 공격하지 말아요' 하는 식의 사인을 보내는 것입니다. 또는 '내가 이렇게 상처를 받고 아프면 당신도 별로 좋을 게 없을 걸요?' 하는 의미도 있는 것이지요.

악의는 없지만 주의가 부족하여 가시 돋친 말을 함부로 해대는 강한 성품의 친구에게 이들은 직접 대응하여 싸우기보다는 그에게 충격을 받은 모습을 보여줍니다. 갑자기 울음을 터뜨린다든지.. 물론 친구는 놀라게 되고 자기가 상대에게 그처럼 충격을 준 것에 대해서 미안하게 여기게 됩니다.

이러한 일종의 자해와 같은 성향 – 상대방의 공격을 완화시키기 위하여, 또는 상대방의 염려나 관심을 끌어당기기 위하여 스스로를 치는 성향은 어쩌면 약자가 살아남을 수 있는 유일한 방법인지도 모릅니다. 어린아이가 많이 사용하는 방법이지요. 일종의 동정심을 자극하는 방법이라고 할 수 있는데 약하기 때문에 본능적으로 그러한 성향을 가지게 되는 것입니다.

어린이들은 시험이라든지 숙제를 안 했다든지 여러 가지 이유로 학교에 가기 싫은 상황이 되면 몸이 갑자기 아파지는 경향이 있습니다.

그렇게 아프게 되면 어린이는 모든 하기 싫은 의무에서 벗어나게 되지요. 숙제를 안 해도 되고 시험을 안 쳐도 됩니다. 학교나 학원에 가지 않아도 되지요. 게다가 부모님들도 따뜻하고 부드럽게 대해 주게 되니 어린 아이의 생각으로는 여러 가지로 많은 이익을 얻을 수 있는 것입니다.

물론 그것은 어린아이의 생각입니다. 그것은 단순히 현실을 피해서 도망하는 것뿐이고 문제의 근본적인 해결이 되는 것은 아니니까요.

유감스럽게도 사실 이러한 경향은 어린아이에게만 있는 것은 아닙니다. 교묘하게 포장되었을 뿐 어른들도 이러한 식으로 도피를 많이 하지요. 어쩌면 어렸을 때부터 상황이 어려워지면 도망을 가는, 그러한 습관이 형성이 되었는지도 모르지요.

영혼이 약한 사람들도 그런 식으로 자기를 치면서 어려운 일로부터 도피를 하는 것입니다. 자기의 아픈 모습이나 약한 모습을 보여주면서 '이렇게 약한 사람을 괴롭히지는 않겠지' '이렇게 아프고 힘든 사람에게 어려운 일을 맡기지는 않겠지..' 하는 의식이 있는 것이지요.

그러므로 이들은 자기 스스로는 그렇게 비관하는 것도 아니면서 마치 세상이 무너진 것처럼 절망하는 모습을 보여주기도 하고 조금만 몸이 아파도 마치 불치병에 걸린 사람들처럼 행동하기도 합니다. 예를 들어서 독감이 걸리면 '아.. 이제 유언을 해야될 때가 되었구나..' 하는 식이지요.

이들은 그러한 이야기가 잘 먹혀 들어가는 사람이 주위에 있으면 그런 식으로 더욱 더 나약해지게 되고 주위에 있는 사람들에게 그들의 이야기가 잘 통하지 않으면 '나는 사람 복도 없다' '나의 배우자는 너무나 잔인한 사람이다' 그런 식으로 원망하며 살게 되지요. 이런 이들은 자녀들에게 '너희 엄마, 너희 아빠를 닮지 말아라..' 하는 식으로 하소연을 많이 하게 됩니다.

자신을 치고 약화시키는 것 – 이것은 이들에게 있어서 하나의 무기라고 할 수 있습니다. 이들은 이렇게 자신의 약함을 가지고 또는 약함을 가장해서 상대방을 지배하는 무기로 사용할 수 있습니다. 예를 들어서 남편에게 폭언을 들은 부인의 경우 한동안 거동이 어려울 정도로 충격을 받은 모습을 보여줍니다.

이들은 실제로 아프기도 하고 아프기를 원하기도 하는데 그렇게 한 동안 아프고 힘든 상태에 있게 되면 다시는 남편이 그녀에게 함부로 할 수 없게 되지요.

그러므로 이것이 그녀의 무기가 되는 것입니다. 그녀는 남편에게 같이 화를 내고 싸울 용기는 없지만 충격을 받고 무기력한 모습을 연기함으로써 남편에게 간접적인 고통을 줄 수는 있기 때문입니다.

그녀는 이러한 자신의 약함을 적당히 사용하여 남편을 지배할 수 있을 것입니다. 즉 남편에게 많이 걱정을 끼침으로써 자신에 대한 요구나 분노 등을 완화시킬 수 있으며 또한 애정도 얻어낼 수 있는 것입니다.

물론 그녀는 약한 사람입니다. 그러나 또한 그녀는 자신의 선택에 의해서 더욱 더 약해지는 것입니다. 처음에는 작전이고 연기일지 모르지만 나중에는 강력한 영들에 의해서 눌리게 되고 실제로 공포와 고통의 영에 잡히게 되는 것입니다.

아마 이러한 도피 성향과 자해성향은 정도의 차이는 있지만 대부분의 사람들에게 어느 정도는 있을 것입니다. 그것은 영적으로 약한 이들이 자신을 방어하고 상대방을 다루기 위하여 사용할 수 있는 쉬운 방법일 테니까요.

그러나 분명한 것은 이러한 증상은 비록 가벼운 것이라고 하더라도 영적으로 병든 것이라는 사실입니다. 그것은 정직하지 않습니다. 당당하지 않습니다. 어떤 면에서 비겁합니다. 그것은 너무 유약한 모습입니다.

이들은 주위에 있는 사람들에게 자신이 얼마나 힘들게 살고 있는지를 이야기합니다. 자신이 얼마나 심각한 상황에 있으며 고통을 받고 있는지를 이야기합니다. 그들은 주위의 사람들이 자신의 이야기에 같이 탄식을 하면서 주의를 기울여주는 것에 의해서 힘을 얻습니다.

물론 사람이 너무 힘들고 피곤한 상황에 있을 때는 그렇게 짐을 나누는 것도 좋겠지요. 그러나 영혼이 약한 이들이 이러한 하소연과 푸념을 습관적으로 하게 될 때 그들은 그렇게 자기가 눌리고 약한 것을 점점 더 당연한 것으로 여기게 되며 자신의 어려움을 지나치게 극적으로 과장하게 되는 것입니다.

이러한 이들은 그리스도인으로서 사는 것이 얼마나 고통스러운지 세상은 얼마나 악하고 믿음을 지키는 것이 얼마나 힘든 일인지에 대해서 이야기할 것입니다.
남편은 아내에게 바깥에서 일하는 것이 얼마나 스트레스가 많은지 아느냐고 할 것이며 아내는 남편에게 집에서 여자가 받는 스트레스가 얼마나 끔찍한지 상상할 수나 있느냐고 말을 하게 되지요.
그리고 그러한 언어의 고백들은 자신의 영혼을 더욱 더 비참하게 만들고 그러한 이야기를 듣고 있는 상대방에게도 악한 영향을 끼치게 되는 것입니다.
그렇게 되면 상대방들은 이러한 사람들을 더욱 멀리하거나 무시하게 마련이고 이들은 아무도 자신을 알아주지 않는다는 서운함에 빠지고 더 심한 자기 연민에 빠지게 되고.. 그런 식으로 악순환은 반복되는 것입니다.

나는 적지 않은 사람들이 이렇게 유약한 모습으로 살고 있는 것을 많이 보고 들었습니다. 정말 너무나 비참한 일이지요. 물론 이 모든 것이 영혼이 약하기 때문입니다.
비록 그 증상들이 심각해 보인다고 하더라도 그 증상의 원인과 이유에 대하여 충분히 이해할 수 있다면 이것은 극복될 수 있습니다.

그리고 강한 사람이 되어서 남에게 제압되지 않으며 엄살을 부리지 않고도 살 수 있습니다. 스스로를 치고 일부러 고통을 끌어들이며 그것을 도피처로 삼지 않고도 살 수 있습니다.

당신도 지금까지 이와 같은 방식으로 살아 왔었을 지 모릅니다. 당당하지 못하고 유약하게 살며 현실을 도피하고 그것을 자신을 방어하는 도구로 사용했는지 모르지요.
그러나 당신이 자신의 그러한 상태에 대하여 불만을 가지고 있다면 이제는 당당하고 강건한 그리스도의 용사로서 살아가고 싶다면 당신은 그 소원을 이루게 될 것입니다.

우리가 거듭난 그리스도인이라면 우리는 자유인입니다. 우리 안에 하나님의 형상이 있으며 그것은 무한한 능력의 근원입니다.
그러므로 우리가 무엇을 원한다면, 그리고 추구한다면 우리는 그것을 경험할 수 있습니다. 맛볼 수 있으며 변화될 수 있습니다.

당신은 원한다면 강력한 그리스도인으로 변화될 수 있을 것입니다. 결코 도피하거나 자신을 치는 약한 그리스도인이 아닌 강력한 그리스도의 군사로 발전해 갈 수 있을 것입니다. 부디 그러한 강력한 그리스도인이 되시기를 바랍니다.

영성의 원리에는 급소가 있습니다.
당신이 그 급소를 발견하게 된다면 당신은 이제 곧 변화되기 시작할 것입니다.

8. 의존인, 지배인, 독립인

항상 남을 의존해서 사는 사람이 있습니다. 그들은 무엇이든 스스로 결정하지 못하고 남에게 의지하려고 합니다. 이러한 이들을 의존인이라고 부르기로 합시다.

그들은 자신감이 부족하며 자신의 판단을 잘 믿지 못합니다. 어떤 것이 좋은 지, 나쁜 지 잘 알 수가 없습니다. 그러므로 남들이 좋다고 하면 비로소 안심을 하고 좋은 것이라고 생각합니다.

이들은 남들의 시선이나 평가에 대하여 아주 예민합니다. 남들이 좋지 않다고 하면 아무리 본인이 좋은 것이라고 하더라도 그것은 좋지 않은 것이라고 믿습니다.

그러니 이러한 이들은 항상 자기 확신이 있고 판단이 분명한 사람들을 부러워합니다. 자신들은 옷을 하나 고르는 것도 아주 어렵고 힘들기 때문입니다.

이들의 장점이 있다면 온순하고 잘 거스르지 않는다는 것입니다. 그들은 권위를 대적하지 않으며 주어진 일을 성실하게 합니다. 그들은 모험을 따르는 것보다는 다소 굴욕적인 면이 있어도 남의 밑에서 안전하게 있는 것을 좋아합니다.

이러한 의존인의 치명적인 약점은 자기 스스로 서지 못한다는 것입니다. 그들은 스스로의 결정이나 판단을 믿지 못하며 문제나 어려움이 닥쳐왔을 때 어찌할 바를 모릅니다. 그들은 몹시 당황합니다. 그들은 자신의 선택을 후회하며 자신의 판단에 대하여 책임지지 못하고 그 책임을 남에게 전가합니다.

이들은 어떤 결정을 하고 남을 따라가다가도 막상 그 결과로 어려운 상황이 닥치게 되면 우왕좌왕하며 자신의 선택을 후회하고 인도자를 원망하며 다시 선택 이전으로 돌아가려고 하는 성향을 가지고 있는 것입니다. 물론 그들은 상황이 나아지게 되면 다시 돌아오게 됩니다.

이러한 의존인의 속성을 많이 가지고 있는 것이 영혼이 얇고 민감한 이들입니다. 그들은 영이 연약하므로 이와 같이 남을 의존하며 눌린 삶을 사는 경향이 있습니다.

그렇다면 그들은 누구에게 눌려서 살게 되는 것일까요? 그것은 지배인이라고 부를 수 있는 종류의 사람들입니다.

이러한 의존인과는 반대로 남을 지배하기 좋아하는 종류의 사람들이 있습니다. 이들은 남들에게 영향을 행사하며 그들을 지배하고 누름으로서 즐거움과 만족을 느낍니다.

그들은 남의 삶에 간섭하는 것을 좋아합니다. 의존인의 경우에는 자신의 삶 자체를 돌아보는 것만으로도 충분히 바쁘기 때문에 남들에게 신경을 쓸 여유가 별로 없습니다. 그래서 남들에게는 그다지 관심을 가지고 있지 않습니다. 그러나 지배인들은 그렇지 않습니다. 그들은 다른 이들의 삶에 간섭하고 지배하며 자신의 지배권을 행사하지 못하면 견디지 못하고 고통스러워합니다.

가정에 있어서 의존인들은 민주적인 부모라고 할 수 있습니다. 그들은 자녀의 의견을 존중해주는 편이며 그다지 압제와 강요를 하지 않습니다. 그럴 만한 힘도 없지요. 그러므로 자녀가 어떤 길을 강력하게 가려고 할 때 의존인들은 싫어도 방치하는 경향이 많습니다.

 그러나 지배인의 경우에는 그것은 있을 수 없는 일입니다. 그들은 자녀들이 결혼을 한 후에도 계속적으로 영향력을 행사하려고 합니다. 그들은 자녀들이 말을 듣지 않는다고 분노하며 괴로워합니다. 지배력은 그들의 삶에 있어서 중요한 의미가 있는 것이며 그것을 잃는다는 사실은 그들에게 아주 고통스러운 일이기 때문입니다.

 의존인들은 사랑에 있어서 상대방을 많이 의지하기는 하지만 자신의 사랑을 강요할 자신은 없습니다. 그러므로 상대방이 싫다고 하면 슬퍼하고 괴로워하면서도 그저 조용히 떠납니다.
 그러나 지배인에게 있어서 그것은 용서할 수 없는 일입니다. 그는 자기를 버리는 이에게는 끝까지 쫓아가서 보복하겠다고 벼룹니다. 어디 잘 되나 보자고 위협합니다. 그들은 기질적으로 이기적이며 자기에게 해를 끼치는 자들을 용서하지 않습니다.

 이와 같은 의존과 지배의 관계는 사람이 있는 곳에는 어디서나 존재하는 관계의 패턴이며 그러므로 의존인과 지배인의 모습은 어디서나 쉽게 볼 수 있습니다. 의존인은 용기가 부족하므로 지배인의 지배를 받고 지배인의 보호 속에서 안전감을 얻고 살게 되며 지배인은 의존인을 누르고 지배하면서 의존인을 통하여 지배욕을 만족시킵니다.

대체로 지배욕이 강한 어머니의 밑에서는 의존적인 성향이 많은 유약한 자녀들이 자라게 되며 의존적인 부모 밑에서는 자녀들이 지배적인 성향을 많이 가지게 됩니다.

출애굽기에 나타난 이스라엘 백성과 애굽의 바로는 이러한 두 가지 유형의 사람들을 잘 보여주고 있습니다.

이스라엘 백성은 의존인의 모습으로서 바로의 지배 속에서 신음하며 삽니다. 그들은 바로의 압제로부터 벗어나기를 간절하게 원하게 되지요. 그러나 그것은 마음 뿐 그들은 감히 바로를 대적하거나 바로의 손에 벗어나는 것은 생각하지도 못합니다. 그저 자신들의 운명은 그렇게 비참하게 사는 것이라고 생각하지요. 그들은 해방자 모세가 오기까지 그렇게 무기력하게 삽니다.

해방자 모세가 오자 그들은 몹시 기뻐합니다. 그리고 그들의 고통을 보시며 그들의 부르짖음을 들으셨다는 하나님의 말씀에 감격을 금치 못합니다. 그리고 그들은 영광스러운 탈출의 행진을 시작합니다.

그러나 그들은 광야에서 막상 어려움을 겪게 되자 수시로 원망과 불평을 해댑니다. 그들은 바로의 추적을 당해서 죽음의 위기를 겪게 되자 모세에게 따지고 듭니다.

"그들이 또 모세에게 이르되 애굽에 매장지가 없으므로 당신이 우리를 이끌어 내어 이 광야에서 우리를 죽게 하느뇨 우리가 애굽에서 당신에게 고한 말이 이것이 아니뇨 이르기를 우리를 버려 두라 우리가 애굽 사람을 섬길 것이라 하지 아니하더뇨 애굽 사람을 섬기는 것이 광야에서 죽는 것보다 낫겠노라"(출 14:11,2)

정말 그들의 말이 맞을까요? 정말 그들은 모세가 하나님의 명령을 듣고 그들에게 갔을 때 그렇게 모세에게 대답했을까요? 천만의 말씀입니다.

"모세와 아론이 가서 이스라엘 자손의 모든 장로를 모으고 아론이 여호와께서 모세에게 명하신 모든 말씀을 전하고 백성 앞에서 이적을 행하니 백성이 믿으며 여호와께서 이스라엘 자손을 돌아보시고 그 고난을 감찰하셨다 함을 듣고 머리 숙여 경배하였더라"(출 4:29-31)

이것이 그들의 반응이었습니다. 즉 그들은 모세와 아론을 통한 구원의 메시지를 듣고 너무나 감격했고 기뻐했었던 것이지요.

그들은 자신들을 구원하시기 위해서 하나님께서 애굽을 치시며 기적과 역사를 보이실 때는 일체의 불평이 없었고 그저 희망과 기대에 부풀었을 뿐이었습니다. 그런데 이제 와서 상황이 어려워지니까 내가 언제 그랬느냐고 시치미를 떼고 딴 소리를 하는 것입니다. 정말 치사한 일이지요.

위기를 통과한 후에 광야에 이르러서 겪는 여러 상황들에 대해서도 그들의 불평이 끊이지 않습니다. 끝도 없이 옛날이 좋았다, 그때의 음식이 더 낫다.. 하는 식이지요.

옛날에 고생하던 때는 여기서 나가기만 하면 소원이 없겠다고 해놓고 이제 와서는 내가 그 좋은 곳 놔두고 왜 이 고생을 하고 있느냐, 도대체 내 팔자가 왜 이 모양이냐, 이 고생이냐.. 하고 있는 것입니다.

이러한 이들은 애인을 만나면 끝없이 옛 애인을 생각하기 마련이고 직장이 싫어서 바꾸고 나면 새 직장에서는 옛날 직장이 나았다고 생각하는 경향이 있는 것입니다.

이러한 사람이 당신의 친구라면 그는 당신에 대해서 몹시 못마땅하게 생각할 것입니다. 그러나 헤어지고 나면 그는 오히려 당신과 자주 만날 때보다 당신과의 관계가 더 좋아질 것입니다. 헤어지고 나면 그는 당신과 같이 있었던 때가 정말 즐거웠던 때였다고 생각할 것이니까요.

물론 그 말을 믿어서는 안 됩니다. 당신이 그와 다시 교제를 하게 되면 그는 다시 불평을 시작하고 옛날 친구가 낫다고 말할 테니까요.

그런데 이러한 것이 의존인의 특성이기도 합니다. 항상 현실에는 만족이 없고 다른 세계로의 이전을 꿈꾸면서 사는 경향이 있지요.

자기는 운이 없으며 자기가 속한 세계는 가장 악한 곳이므로 다른 곳에서는 행복하게 살 수 있을 것이라고 믿고 있는 것입니다.

이런 이들은 한국에 살면 우리나라가 너무 살기가 어려운 곳이라고 항상 이민을 꿈꾸며 막상 다른 나라에 가게 되면 끝없이 조국을 그리워하며 살게 되는 것입니다.

의존인들은 스스로 어떤 일을 결정해서 따라갔다가도 상황이 어려워지면 공연히 남을 원망하곤 합니다. 스스로 선택을 했으면 좋든 싫든 그 길을 가야하는데 자신의 인생에 대해서 스스로 결단하고 선택하고 책임을 지지 않고 자신을 피동적인 존재로 피해자로서만 여기며 그렇게 원망과 푸념 속에서 사는 것입니다.

그러니 이스라엘 백성이 애굽에 노예로 살던 것 못지 않게 무서운 것은 그렇게 오래 동안 애굽에서 노예 생활을 하면서 그들의 정신에 형성된 노예 근성이라고도 할 수 있습니다. 몸은 비록 애굽을 벗어났지만 그들의 영혼은 여전히 바로의 밑에 묶여있는 노예와 같이 끝없이 옛날의 일을 그리워하고 있는 것이지요.

그들은 옛날의 안전, 옛날의 편안함을 그리워하는 것입니다. 짐승 같은 대우를 받을 때에는 어서 여기를 벗어나면 좋겠다고 생각하면서 막상 그 곳을 떠나면 그 때가 좋았다고 우는 것입니다. 그것이 의존인의 특성이지요. 위기가 닥쳐올 때 당당하게 대처하지 못하고 아무런 방법도 찾지 못하고 그저 모세를 원망하고 하나님을 원망하는 것 밖에는 없는, 그렇게 무기력하고 피동적인 모습을 가지고 있는 이스라엘 – 그것이 의존인의 전형적인 모습인 것입니다.

반면에 애굽의 바로는 지배인의 특성을 보여줍니다. 그는 이스라엘을 지배하고 다스리지만 그들을 이용할 뿐 그들의 복지나 자유에 대해서는 아무런 관심이 없습니다. 그러나 그들을 좋아하는 것은 아니면서도 이용가치가 있고 필요하기 때문에 그들을 놓아줄 생각은 전혀 하지 않습니다. 이것은 지배인들의 삶의 방식이며 그들이 사랑을 하는 방식이기도 합니다.

지배인이 두려워하는 것은 오직 한 가지입니다. 그보다 더 큰 힘입니다. 그는 오직 힘 앞에서만 굴복합니다. 사랑이나 명분이나 그런 데에는 애당초 관심이 없습니다. 그는 자신이 불리해지는 것만을 두려워합니다.

기질적으로 지배인들은 이기적이며 사랑이 없습니다. 그들은 자신이 사랑한다고 생각하지만 사람을 통해서 자신의 필요를 채울 뿐입니다. 그러므로 그들은 자기가 필요한 사람이 자기를 떠나려고 하면 그것을 내버려두지 않는 것입니다.

바로는 결국 모세를 통한 하나님의 능력에 굴복하고 이스라엘 백성들이 애굽을 떠나게 되자 뒤늦게 분통이 터져서 군대를 정비하여 따라갑니다. 다 죽이겠다는 것이지요.

그것이 지배인의 특성입니다. 자기를 떠나는 이들은 끝까지 추적하여 복수해야 합니다. 죽더라도 자기 밑에 있어야지 달아나서는 안 된다는 것이지요. 이처럼 지배인들은 자기의 말을 듣지 않는 이들은 끝까지 용서하지 않습니다.

이 세상의 많은 인간 관계가 사랑과 존중이 아닌 이와 같은 지배와 의존의 관계에 얽혀 있습니다. 이것은 지옥적인 관계이며 그 배후에는 어둠의 영들이 있는 것입니다.

악한 영들은 의존인들에게는 두려움의 영을 심어주며 지배인의 마음에는 분노와 공격의 영을 심어줍니다. 그래서 그들은 관계 속에서 지옥을 확장시켜 가는 것입니다.

물론 사람은 모두 다 부분적으로 유능하며 부분적으로 무능합니다. 그러므로 서로 돕고 협력하여 선을 이루는 것이 필요합니다. 그러나 정도를 넘어서는 의존과 지배의 관계는 온전한 영적 성숙을 방해하는 것입니다.

하나님께서는 이스라엘과 애굽의 의존과 지배의 관계를 끊기 위해서 모세를 보내셨습니다. 여기서 모세는 독립적인 사람의 유형을 보여줍니다. 즉 의존적이지도 않고 지배적이지도 않은 독립적인 모습을 보여주는 것입니다.

사람은 이처럼 남에게 지나치게 의존을 해서도 안 되며 또한 남을 지배하고 다스리려고 해서도 안 됩니다. 이스라엘이 하나님의 약속의 땅인 가나안으로 떠나듯이 모든 사람은 각자에게 주어진 자신만의 독립적인 사명과 사역을 향해서 가야하지요.

우리는 오직 주님만을 의지해야 하며 사람의 종이 되어서는 안 됩니다. 또한 사람을 섬기려 해야지 사람을 지배하려고 해서도 안 됩니다. 주님은 우리를 모든 사람에게서 독립된 사람으로 자유한 사람으로 만들기를 원하시는 것입니다. 그래야 온전히 주님의 종이 될 수 있으니까요. 주님의 명령만을 받는 사람이 진정한 자유인이 될 수 있는 것입니다.

지금 언급하고 있는 이스라엘과 바로와 모세를 통하여 의존인, 지배인, 독립인의 유형을 발견하는 것.. 이것을 성경에 대한 해석으로서 받아들이지는 마십시오. 이것은 사람의 유형을 설명하기 위한 하나의 모형으로 이해하는 것으로 충분합니다.

모세도 하나님의 만지심을 받기 전까지는 지배인의 모습을 가지고 있었습니다. 그는 동족 이스라엘을 구원하기 위하여 자기 맘대로 애굽인을 죽입니다. 이처럼 하나님의 뜻과 상관없이 제 멋대로 하는 것이 지배인의 하나의 특성이기도 합니다.

그러나 그것은 좋은 결과를 가져오지 못했고 그는 광야로 도피하여 비참한 삶 속으로 떨어지게 됩니다. 여기서 그는 지치고 낙심한 의존인의 모습을 보이기도 합니다. 그래서 하나님의 부르심에 대하여 부정적으로 반응하기도 합니다.

그러나 하나님과의 접촉을 통하여 모세는 변화됩니다. 그리고 이스라엘을 구출하기 위한 하나님의 도구로 쓰여지게 됩니다. 그 때 그의 모습은 의존적이지도 않으며 지배적이지도 않습니다. 그는 목표를 분명하게 설정하고 죽을 때까지 그 방향을 위하여 움직입니다. 그는 바로의 공격을 받을 때나 이스라엘 백성의 원망을 들을 때도 흔들리지 않고 오직 하나님께 나아가며 결국 그의 사명을 마치고 눈을 감습니다. 그의 최후의 모습은 아주 당당하고 선명합니다.

이 세 가지 유형에서 우리가 좇아야할 방향은 물론 독립형의 사람입니다. 남을 지배하려 하지도 않고 또한 스스로 남의 지배 속에 들어가지도 않습니다. 그는 자유롭고 풍성한 사람입니다.
어떻게 모세는 그러한 사람이 될 수 있었을까요? 그리고 어떻게 우리는 그러한 사람이 될 수 있을까요? 그 대답은 한 가지입니다.
그러한 자유인이 될 수 있는 유일한 길은 모세가 그리 했던 것처럼 하나님을 체험하는 것입니다. 하나님의 영광을 경험하고 맛보는 것입니다. 우리의 영혼을 그의 임재로 충만하게 하여 강건하게 하는 것입니다. 그것만이 우리를 독립적이고 자유로운 사람으로 만들 수 있습니다.
그렇게 될 때 우리는 주님의 인도 속에서 결단하고 선택하며 우리의 인생을 스스로 책임질 수 있을 것입니다. 결코 환경이나 다른 사람에게 우리 인생의 불행을 책임 지우지 않을 것입니다.

영혼이 얇은 사람, 영혼이 민감하고 약한 사람은 대체로 의존인의 모습을 가지고 있습니다. 그들은 남들의 지배 속에서 벗어나지 못하며 스스로의 자신과 확신이 없이 흔들리면서 삽니다.
그러나 모세가 변화된 것 같이 우리는 변화될 수 있습니다. 의존인은 독립인이 될 수 있으며 지배인으로부터 벗어나 해방과 자유함을 경험할 수 있습니다.

의존인은 원래 약한 사람입니다. 그 영혼에 힘이 없는 사람입니다.

그러나 우리의 힘이 되시는, 약한 자의 능력이 되시는 하나님의 임재와 영광을 맛볼 때, 우리는 모두가 강한 사람이 될 수 있습니다.

비로소 자유롭고 강력하며 스스로 선택할 수 있고 그 길을 꾸준하게 갈 수 있는 사람이 될 수 있습니다.

부디 이러한 자유인, 독립인의 길을 사모하시기 바랍니다. 더 이상 다른 사람을 의지하고 의존하는 사람이 되지 마십시오.

남의 도움을 받아야만 무엇인가 할 수 있으며 스스로는 아무 것도 할 수 없다고 생각하지 마십시오. 주님은 당신을 붙들어 주시며 당신의 능력이 되실 것입니다.

부디 당신의 영혼을 강하게 하십시오.
부디 하나님의 영을 맛보십시오.
이제 당신도 자유를 향한 여정을 시작하게 될 것입니다.
하나님께서 그러한 독립과 자유를 주시는 것을 기뻐하시기 때문에 이제 곧 당신도 그러한 해방과 자유를 경험하게 될 것입니다.
당신이 그것을 원하기만 한다면 말입니다.

9. 약한 영혼의 증상들 4) 눈치 보기

　영혼이 약한 이들은 남의 눈치를 많이 보는 편입니다. 아니, 남의 마음과 생각을 아주 예민하게 느끼는 편이기 때문에 눈치를 보지 않는 것이 더 어렵습니다.
　이런 이들은 누군가가 옆에서 잔뜩 화가 나있으면 같이 불안해집니다. 상대방이 자기에게 화를 내는 것도 아닌데도 마치 바늘방석에 앉은 것처럼 불안하지요.
　그것은 그의 영혼의 껍질이 두껍지 않기 때문에 상대방의 마음, 감정이 자동적으로 그에게 침투되기 때문입니다.

　이러한 이들은 누군가 남이 자신 때문에 화가 났다든지 한다면 그것을 견디기 힘이 듭니다. '남이야 아무러면 어때..' 하는 그러한 마음을 가지는 것이 어려운 것입니다.
　어떤 이들은 남들은 뭐라고 하던 상관없이 자기의 일을 하며 자기의 입장을 고수하지요. 그러나 이러한 이들에게는 그렇게 하는 것이 어렵습니다.
　어떤 면에서 이런 기질은 꼭 단점이라고만 할 수 있는 것은 아닙니다. 다른 사람의 마음을 잘 느끼고 이해하는 것은 사람을 섬기는 데에 좋은 면이 있기도 하지요. 다만 이러한 측면이 지나치게 되면 항상 남의 눈치를 보게 되기 때문에 자유함이 없게 되는 것입니다. 점차 자신을 잃어버리게 되기 때문이지요.

우리는 때에 따라서는 남의 의견을 무시해야 할 때가 있습니다. 누가 뭐라고 하던지 과감하게 결단하고 밀고 나가야 할 상황이 있지요.

그러나 이렇게 영혼이 얇은 이들은 남들이 반대를 할 때 그것을 극복하고 나아가기 어렵습니다. 그래서 그들은 본인이 좋아하는 일도 하지 못하고 어쩔 수 없이 남에게 끌려가는 삶을 살게 되는 것입니다.

얇은 영혼의 사람들은 대인관계에서 풍성한 누림과 행복을 갖기가 어렵습니다. 그들에게는 대부분의 관계가 피곤하고 짐이 되기 때문이지요.

그는 점차로 모든 관계를 싫어하게 되고 혼자서 틀어박혀서 폐쇄적인 삶을 살게 됩니다. 모두가 그에게 요구를 하는 사람들뿐이고 그는 그것을 거절하지 못하고 그렇게 끌려 다니고 눈치를 보게되니 당연히 삶이 지치고 기쁨이 없을 수밖에 없는 것입니다.

이렇게 눈치를 보는 것 - 그것 역시 그의 영혼의 두께가 얇기 때문이라는 것을 이해하여야 합니다.
껍질이 얇기 때문에 그는 자신의 본질을 잘 지키기 어렵습니다. 그래서 영혼 속으로 다른 이들의 영혼, 상태, 느낌, 요구들이 함부로 들어오게 되니 그는 자신으로서 살수가 없는 것입니다. 자신은 잃어버리고 남의 짐을 대신 지고 살 수 밖에 없는 것이지요.

귀신들림의 증상이 있습니다. 악한 영이 그에게 침투하여 그를 지배하고 사용하는 것입니다. 그것은 너무나 비참한 일이지요.

그러나 정도의 차이가 있을 뿐 영혼이 얇은 사람이 겪는 일은 일종의 가벼운 귀신들림의 상태와 비슷한 것입니다. 그는 자신의 느낌, 자신의 생각으로 살지 못하고 어떤 외부에서 들어온 다른 사람의 생각, 느낌, 요구와 기대, 명령을 통해서 사는 것이니까요. 아주 로보트처럼 피동적으로 말입니다.

영혼이 얇은 사람은 이러한 자신의 증상을 이해하고 반드시 회복해야 합니다. 그래야 그는 자유롭고 풍성한 삶을 살 수 있습니다.
이해를 위하여 이야기하자면 영혼이 얇다는 것은 영혼 자체가 얇다는 의미는 아닙니다.
영혼은 각자의 고유한 성향이며 특성을 가지고 있는 데 그 고유한 영혼을 지켜야 하는 영혼의 껍질이 얇다는 의미입니다. 그 껍질이 얇기 때문에 자기의 고유한 영혼을 잘 보존하지 못하고 외부의 침입에 의하여 고통을 겪고 있다는 것이지요.
그러나 이러한 현상에 대하여 충분히 이해할 수 있다면 그 처방과 회복은 그리 어려운 일이 아닌 것입니다.

10. 약한 영혼의 증상들 5) 죄책감

　영혼이 약한 이들은 대부분 죄책감을 가지고 있으며 이로 인하여 많이 시달리고 고통을 겪는 것이 보통입니다. 그리고 이러한 증상은 그들의 영적 성숙과 풍성한 삶을 누리는 데에 많은 장애요인이 됩니다.
　물론 어느 정도의 죄책감은 좋은 것입니다. 또한 자기를 돌아보며 반성을 하는 것도 좋은 일입니다. 우리가 어려운 상황이나 실패를 경험한 후에 자기 반성을 하지 않고 환경을 원망하거나 남에게 책임전가만을 한다면 우리는 발전할 수 없을 것입니다. 그러나 그 정도가 지나치면 그것은 오히려 부작용을 일으킵니다.

　어떤 이들은 회개란 무조건 좋은 것이라고 생각합니다. 그래서 그들은 툭하면 회개하는 것을 좋아합니다.
　그러나 항상 회개가 좋은 것은 아닙니다. 그리고 그 회개의 영이 항상 주님으로부터 오는 것은 아닙니다. 우리의 연약한 양심을 공격하는 정죄의 영으로부터 오는 죄책감도 분명히 있습니다. 아니, 아주 많이 있습니다.
　나는 수시로 회개를 하며 자기 정죄에 빠지는 그리스도인들을 많이 보았습니다. 그것은 정말 어둡고 침침한 삶이었습니다.

　언젠가 나는 어떤 자매가 정말 비극적이고 침체된 목소리로 울면서 회개를 하고 있는 모습을 본 적이 있습니다. 그녀의 기도하는 음성은 듣는 이들까지 함께 비참한 나락으로 떨어지게 만들 정도로 비통하고 우울했습니다.

내가 그녀에게 왜 그리 비통하게 우느냐고 묻자 그녀는 대답하기를 자기는 너무나 더러운 사람이라고 하면서 우는 것이었습니다.

나는 그녀에게 지금 임하여 있는 것은 주님으로부터 오는 회개의 영이 아니고 그녀를 정죄하고 누르는 악한 영이라고 이야기한 후에 악한 영을 대적하는 기도를 해주었습니다.

그녀는 갑자기 가슴이 시원해졌다고 조금 전과 아주 달라진 목소리로 말하면서 아주 놀라고 후련해하는 것이었습니다.

이 자매는 쉽게 조언을 받아들였기 때문에 간단히 그러한 억압의 상태에서 벗어날 수 있었습니다. 그러나 그러한 조언을 도무지 받아들이지 않는 이들도 많이 있습니다.

이들은 하나님의 일방적인 은혜와 사랑을 잘 받아들이지 않습니다. 그것은 무엇인가 굉장히 크고 엄청난 희생의 대가를 지불해야만 가능한 것이라고 생각합니다. 그것은 일종의 자학인데도 그들은 그렇게 생각하지 않습니다.

나는 나에게 영적인 도움과 조언을 구하는 이들 중에 자신을 마구 꾸짖어 달라고 요구하는 이들을 많이 보았습니다. 심지어 자기를 마구 때려달라고 하는 사람도 있었습니다. 그들은 아무리 심하고 아픈 말이라도 잘 듣겠으니 야단을 쳐달라고 요구하곤 하였습니다. 그것은 정말 슬픈 일입니다.

그것은 그들의 영혼이 얼마나 어두운 상태에 있으며 여태껏 얼마나 억압되어 살아왔는지를 잘 드러내주는 것입니다. 그들은 그저 단순하게 그들을 향한 주님의 사랑을 받아들이는 데에 어려움을 겪습니다. 자신이 피눈물을 흘려야 만이 은혜와 사랑은 오는 것이라고 믿습니다. 그리고 그러한 의식 속에는 자기 정죄의 의식이 중심에 자리잡고 있는 것입니다.

 주님으로부터 오는 바른 회개는 맑고 아름답고 신선합니다. 그러나 죄책의 영들이 주는 것은 어둡고 음산하고 우울하고 영혼을 침체시킵니다.
 주님의 음성은 꾸짖음이라고 하더라도 거기에는 아름다움과 기쁨과 자유함이 함께 묻어져 나옵니다. 그것은 우리를 자유롭고 행복하게 합니다.

 왜 많은 이들은 이러한 것들을 잘 분별하지 못하며 속고 눌리고 있는 것일까요?
 물론 그것은 그들의 영적 무지 때문입니다. 실제적인 하나님 체험의 부족 때문이기도 합니다. 또한 기질적인 요인도 많이 있습니다.
 그들은 대체로 모든 것이 자기 책임이라고 생각하는 경향이 있습니다. 모든 어려움은 자기 때문이며 남에게 학대를 당해도 자기 책임이고 가족의 고통도 자기 때문이고 부모가 아픈 것도 자기 때문이고 조금 과장하자면 심지어 남북통일이 안되는 것도 자기 때문이라는 그런 인식을 습관적으로 가지고 있습니다.

 그들은 이러한 자기 정죄감 때문에 주님의 은혜를 잘 받아들이지 못하고 영적으로 어두운 곳에서 고통을 겪고 있는 것이 보통입니다.

이들은 모든 이들이 성령의 은혜와 역사를 체험해도 자기만큼은 안될것이라고 생각합니다. 자기의 죄는 너무나 크기 때문에 사람들이 몰라서 그렇지 자신을 제대로 알기만 하면 다 도망을 갈 것이라고 생각합니다.

하나님도 이런 자신을 정말 사랑하실지 그들은 확신하지 못합니다. 그러므로 그들은 사랑 받기 원하며 하나님의 은총을 구하면서도 실제로는 사람들이 가까이 오고 하나님의 은혜가 가까이 오는 것을 두려워합니다.

이러한 이들은 '내 탓이오' 스타일의 메시지를 좋아합니다. 그런 것에 아주 사로잡히는 경향이 있지요. 그래서 그들은 스스로를 한하며 슬프고 어둡게 삽니다. 물론 그들은 한편으로는 그러한 것이 아주 영적이며 거룩한 것이라는 자부감도 동시에 가지고 있습니다.

이러한 자기 정죄는 학대하는 영을 끌어당기게 됩니다. 즉 악한 영들이 그들의 그러한 성향을 이용해서 마음놓고 누르고 공격할 수 있는 빌미를 주는 것이지요. 그러면 그들은 그렇게 눌리고 고통하면서 자기의 죄값을 받는 것이라고 생각하기 때문입니다.

이러한 자학적인 증상은 어린 시절의 인간관계나 비극적인 경험과도 아마 연관이 있을 것입니다. 어린 시절은 아직 그 영혼이 충분히 자라고 형성되지 않은 때이므로 공격적인 대우를 받으면서 자라게 되면 자연히 자기 부정적인 성품이 형성되기 때문입니다.

예를 들어서 부모가 쌓인 스트레스를 자녀들에게 습관적으로 표출하게 되면 자녀들은 그것이 자기가 악하기 때문이라고 생각하게 됩니다. 자신이 아주 나쁜 아이들이기 때문에 부모님이 그렇게 화를 낸다고 생각하게 되지요. 부모가 싸우거나 한 쪽이 집을 나가게 되면 어린이들은 그것이 자기 때문이라고 생각합니다.

　나는 언젠가 티브이에서 가출한 어머니에게 눈물로 호소하는 어린이의 말을 들은 적이 있습니다. 그 어린이는 잘못했다고, 앞으로 엄마 말 잘 들을 테니까 집으로 돌아오라고 울면서 말하고 있었지요. 이 아이는 엄마가 집을 나간 것이 자기가 말을 듣지 않았기 때문이라고 생각하고 있었습니다.

　어린이들은 성폭행과 같은 일을 겪으면 그것도 자신의 책임이라고 생각하며 자신은 더럽고 나쁜 존재라는 인식을 가지게 되는 경향이 있습니다. 이러한 것은 어린이들의 영혼이 온전하게 형성이 되지 않았기 때문에 객관적이고 논리적인 판단이 제대로 되지 않기 때문입니다.

　영혼의 성장과 완성은 평생을 통하여 이루어지고 발전해가는 것입니다. 그러나 기본적인 의미에서 영혼의 완성은 영혼의 외곽이 굳건해질 때 이루어지는 것입니다. 그럴 때 영혼의 자기 방어가 이루어지게 되며 고유한 자기 영혼의 특질들이 나타나게 됩니다.

　그런데 어린 아이들은 그러한 영혼의 방어막이 아직 형성이 되지 않았습니다. 그러므로 그들은 내면의 영혼이 강건하고 자유롭지 못하며 스스로에 대한 확신이 부족하고 자존감이 부족한 것입니다.

　이것은 영혼이 약한 이들이 왜 자주 죄책감에 눌리며 자기 확신이 부족한 지를 잘 설명해줍니다. 즉 그들도 어린 아이와 같이 영혼의 외곽이 제대로 형성되지 않은 것입니다. 그러므로 내부의 영혼도 형체가 선명하지 않으며 그 결과 그들은 자기 확신이 부족하게 됩니다. 이들은 나이는 들었어도 그 영혼의 상태는 아직 어린 아이와 같이 여리고 약합니다.

이들은 다른 사람들의 사소한 비난이나 공격에 대하여 심하게 상처를 받을 때가 많이 있습니다. 겉으로는 아무렇지도 않은 듯이 보이려고 애쓰지만 속에는 심한 충격을 받곤 합니다.

나는 오래 전 어느 여집사님이 남편의 사소한 말 한마디에 극도의 충격을 받는 것을 본 적이 있습니다. 상식적으로 그 말은 별로 모욕적인 언사라고 보기 어려웠는데 그녀는 심한 상처를 입는 것이었습니다.

그러한 모습은 그녀 안에 자기 정죄감과 죄책감이 많이 있는 것을 보여주는 것입니다. 그녀가 건강한 자기 확신이 있었다면 그러한 말 정도에 충격을 입지는 않았을 것입니다.

이렇게 양심이 민감하고 죄책감에 자주 빠지는 사람이 행복하고 풍성한 삶을 살기를 기대하기는 어려울 것입니다. 그들은 항상 그들의 내부에서 그들을 꾸짖고 공격하는 내적인 음성의 공격을 받습니다. 그러니 그들은 그러한 정죄를 받아들이면서 우울하고 어두운 삶을 살수밖에 없는 것입니다.

죄책감과 자기 정죄, 그것은 반드시 극복되어야할 증상입니다. 그러한 증상은 역시 영혼의 껍질이 얇고 제대로 형성되지 않은 데에서 나오는 것입니다.

자존감의 부족과 자신감의 부족, 죄책감들이 영혼의 방어망이 약하기 때문에 왔다는 것은 별로 일반화되어 있는 지식은 아닙니다.

그러나 이것은 분명한 사실입니다. 자존감의 부족이나 자기 정죄가 많은 이들이 기도와 훈련을 통해서 영혼의 껍질이 강건해지고 그리하여 영혼의 형태가 강건해지고 충만해지게 되면 그들은 쉽게 자기 정죄와 죄책에 빠지지 않게 됩니다. 그들은 자연스럽게 생각이 밝아지고 외부의 비난과 같은 공격에도 그리 충격을 받지 않게 됩니다. 그것은 그들의 영혼이 강건해졌기 때문입니다.

외곽이 튼튼하면 내부도 강건하게 된다는 것은 자연스러운 진리입니다. 그러므로 영혼이 약하고 영혼의 껍질이 얇은 이들이 영혼의 외곽을 강건하고 든든하게 하는 법을 배우게 되면 그들은 달라지게 될 것입니다.

그들은 오래 동안 그들을 괴롭혀 왔던 자기 정죄의 음성에 더 이상 시달리지 않게 될 것입니다. 그리고 죄책에서 벗어나 하나님의 은혜와 사랑을 자연스럽게 받아들이고 누릴 수 있게 될 것입니다.

그리고 생각이 밝고 풍성하고 아름답게 될 것이며 삶의 행복을 만끽할 수 있게 될 것입니다.

그것은 그리 멀리 있는 삶이 아닙니다. 이제 당신도 곧 그러한 삶으로 들어갈 수 있게 될 것입니다.

11. 약한 영혼의 증상들 6) 영매적 성향

영혼이 약하고 민감한 이들은 스폰지와 같은 영적 흡수성을 가지고 있습니다. 무엇이든지 그와 접촉하는 것을 빨아들일 듯이 받아들이게 된다는 것이지요.

이것은 장점이 될 수도 있고 단점이 될 수도 있습니다. 물론 자신의 특성을 알고 잘 관리할 수 있다면 그것은 장점이 되겠지요. 그러나 자신의 특성을 이해하지 못하고 다른 사람들을 무작정 따라한다면 거기에는 부작용이 있을 수 있습니다.

이들은 감정의 기복이 심합니다. 이유 없이 갑자기 무력감에 빠져들기도 하고 깊은 우울증이 생기기도 합니다. 어느 순간 삶이 너무나 권태스럽고 짜증이 나기도 합니다. 그것은 어디에서 오는 것일까요?

예, 그렇습니다. 그것은 그가 어딘가에서 받아온 것입니다. 아마 그가 접촉한 사람이나 그가 갔었던 장소 등의 영적인 분위기가 어느 순간에 그에게 들어온 것입니다.

이들은 자신이 일종의 영매적인 체질인 것을 이해해야 합니다. 영적인 감수성이 민감하다는 것이지요. 그것은 조심하지 않으면 아주 두려운 일이 생길 수도 있다는 것을 의미합니다.

영혼의 겉껍질이 두꺼운 사람은 영혼의 세계에 대한 느낌이나 인식이 부족하기 때문에 영계의 영향을 별로 받지 않습니다. 그들은 영적인 세계보다는 현실 세계에 민감하게 반응하지요.

그러나 영혼의 껍질이 얇은 이들은 영적인 세계에 대하여 예민하여 쉽게 그 기운을 받아들이게 됩니다. 그러므로 악한 영들이 쉽게 침투할 수 있는 것이지요. 그러므로 여기에는 아주 조심이 필요한 것입니다.

이러한 기질의 사람이 밝고 명랑하다면 그는 껍질이 얇다고 하더라도 괜찮습니다. 악한 영들은 밝고 명랑한 기질과는 가까이할 수 없으니까요. 그러나 문제는 이렇게 껍질이 얇은 이들은 대체로 우울하고 어두우며 비관적인 사람들이라는 것입니다. 그러므로 이들은 악한 영들의 공격을 받기 쉽습니다.

이 땅에는 악한 영들이 많이 거주하고 활동하는 공간들이 많습니다. 예를 들어 술집이라든지, 나이트 클럽 같은 곳은 악한 영들에게 봉헌된 곳이며 더러운 기운이 많은 곳입니다.

보통의 사람들도 그러한 장소에 가면 안 되지만 특히 영매체질의 사람들은 그러한 곳에 가면 절대로 안 됩니다. 그들은 그 곳에 있는 영적인 에너지를 흡수하게 되기 때문입니다. 그들은 그러한 곳에 가면 많은 후유증을 앓게 됩니다.

악몽에 시달릴 수도 있으며 악한 영들이 들어와 자리를 잡을 수도 있습니다. 본인이 원치 않게 음란하고 더러운 영이나 생각에 계속 사로잡히고 시달리게 될 수도 있습니다.

또한 괴기 영화라든지 잔인한 영화와 같은 것을 보아서도 안 됩니다. 그 악한 영향이 그의 영혼에 바로 직접 침투하기 때문입니다.

이들은 또한 악한 에너지를 많이 가지고 있는 이들을 가능하면 피해야 합니다. 지나치게 지배적인 기질의 사람, 폭발적인 분노와 미움의 기운을 가지고 있는 사람, 세상을 지나치게 사랑하고 즐기는 사람, 어둡고 비뚤어진 의식을 가지고 있는 사람 등의 사람들과 할 수 있으면 그는 접촉을 피해야 합니다. 그것은 그의 여린 영혼에게 직접적인 고통과 흑암을 공급하기 때문입니다.

이러한 기질의 사람이 그러한 악한 기운과 오래 동안 접촉했었다면 그는 많은 고통을 겪었을 것입니다. 그러나 본인의 의지가 약하기 때문에 쉽게 물들었던 습성에 대하여 잘 고치는 것도 쉽지 않겠지요. 그래도 그러한 악한 기운을 밖으로 토해내야 합니다. 이것은 발성기도나 호흡기도를 통해서 밖으로 내보낼 수 있는데 조금 뒤에 좀 더 설명할 것입니다.

영매적인 기질의 사람들은 이른바 전이현상을 잘 경험하게 됩니다. 전이현상이란 남들이 가지고 있는 고통이나 문제가 자신에게 전달되는 것입니다.

예를 들면 머리가 아픈 사람을 만나게 되면 자신도 머리가 아프고 가슴이 답답한 사람을 만나게 되면 자신도 가슴이 아픈 식입니다. 이러한 사람은 각종 질병도 잘 옮아오게 됩니다. 만약 이러한 기질의 사람이 간호사나 의사가 되어야 한다면 이는 비극적인 일이 아닐 수 없습니다. 그는 그가 상대하는 많은 사람들의 질병을 짊어지고 살아야 하니까요.

이러한 전이는 신체에만 국한되는 것이 아니며 영적이고 정서적인 면에서도 나타납니다. 예를 들면 어떤 친구가 배우자와 싸우고 아주 화가 나서 분노를 터뜨렸는데 그의 이야기를 한참 듣고 나서 집에 와서는 자신의 배우자와 싸우는 식입니다. 이것은 그가 접촉한 사람의 분쟁의 영이 그에게로 전이된 것입니다.

 사람을 도와야 하는 상담자의 경우에 이러한 전이현상은 어느 정도 필요할 것입니다. 상대방의 상태와 고통을 느낄 수 있을 때 좀 더 상대방에게 도움을 줄 수 있으니까요.
 그러나 영매적인 사람은 자신이 그러한 전이를 조절할 수 있는 것이 아니며 원치 않아도 각종 어두움의 증상들이 들어오기 때문에 고통이 심한 것입니다. 때로는 고통을 가지고 있는 당사자보다 더 많은 고통을 겪게 되기도 합니다.

 예민한 영의 사람은 이와 같이 자신을 잘 컨트롤하지 않는다면 그 흡수성 때문에 많은 어려움을 겪게 됩니다. 그러나 자신을 잘 컨트롤해서 악한 사람이나 악한 장소를 접하지 않고 아름답고 선한 사람이나 장소를 접하게 된다면 그것은 그에게 아주 좋은 은혜의 순간이 될 것입니다.
 그들은 흡수성이 뛰어납니다. 그러므로 그들은 은혜가 충만한 집회에 가게 되면 쉽게 주님의 임재와 풍성함을 경험하게 될 것입니다. 성령의 능력과 기름부으심을 경험하게 될 것입니다.
 그러나 어느 순간에 은혜를 입었다고 해도 안심해서는 안 됩니다. 그의 기질이 순식간에 바뀌는 것은 아니니까요. 그가 다시 세상의 영으로 가득한 사람들을 만나고 세상의 악한 장소, 공간에 들어간다면 그는 다시 그러한 영들의 지배권 속으로 들어가게 될 것이기 때문입니다. 그가 영혼의 껍질을 강건하게 만드는 법을 배울 때까지 그는 행동을 조심하지 않으면 안 됩니다.

기질적으로 이러한 영매체질, 영혼의 껍질이 얇은 사람은 나실인적인 요소를 가지고 있습니다. 즉 그는 전투적인, 사역적인 사람이 아니라 생명적인 사람으로 부름 받은 것입니다.

그는 어떤 사역 자체보다 주님과의 교제에 부름을 받은 것입니다. 그는 앞에 나서서 활동하는 것보다 뒤에서 숨어서 섬기고 기도하도록 부름을 받은 것입니다.

그는 구별된 사람으로서 오직 주님께 드려져야 하며 주님의 능력으로 살아가는 것을 배워야 합니다. 그는 오직 무릎으로 살며 엎드림으로 움직이는 것을 배워야 합니다.

그러므로 영혼이 얇은 사람이 자신의 기질이나 특성, 한계를 잘 인식하고 그에 대처한다면 그것은 실로 아름답고 풍성한 열매를 가져오게 될 것입니다. 그러나 그것을 잘 모르고 함부로 행동한다면 그는 끝없는 좌절 속에서 방황하게 됩니다.

자신의 사명을 발견하고 자신을 좀 더 깊이 주님께 드리며 주님의 뜻과 능력 속에서 살아가는 것은 매우 아름답고 좋은 일입니다. 그러나 그렇더라도 역시 상황에 따라 자신의 영을 얇게도 만들 수 있으며 강건하게도 만들 수 있다면 그것은 또한 더욱 풍성한 자유함의 길로 가는 길일 것입니다.

우리가 성장한다면 우리는 그렇게 할 수 있습니다. 어느 때는 영혼의 껍질을 두껍게 해서 외부의 영향을 차단하며 어떤 곳에서는 성령님의 은혜와 영광이 충만하게 임하시는 곳이기 때문에 모든 긴장을 풀고 영혼을 열어서 그 능력과 은총을 충분히 받아들이는 그러한 조절을 우리는 자유롭게 할 수 있는 것입니다.

 그렇습니다. 그러한 자유로운 조절은 영혼의 사역에 있어서 꼭 필요한 것입니다. 어떤 이는 영혼이 너무 두꺼워서 바깥의 영향을 받지 않으므로 은혜가 충만하고 주님의 임재가 아주 강한 곳에서도 아무 것도 느끼지 못합니다.
 또한 어떤 이는 너무 영이 얇아서 어둡고 악한 분위기에서 그 악한 영적 에너지를 다 받아들이므로 몸과 마음이 엉망이 되어 버립니다. 그러므로 우리가 필요에 따라 영혼의 상태에 변화를 주며 그것을 조절할 수 있다면 그것은 참 자유로운 일이겠지요.

 영혼이 발전하고 그 기능에 대해서 실질적으로 누리고 경험하는 것은 참으로 즐겁고 아름다운 일입니다. 그렇게 될 때 우리는 주님의 아름다우심을 좀 더 깊이 경험하게 되며 우리의 영혼을 잘 방비하고 관리할 수 있게 되며 주님이 우리에게 주시기 원하시는 천국의 기쁨을 좀 더 많이 누릴 수 있게 될 것입니다.

12. 약한 영혼의 증상들 7) 애정에 대한 집착

　약한 영혼의 또 다른 특징은 애정에 있어서 집착의 성향을 가지고 있다는 것입니다.
　이들은 자기 혼자서는 에너지와 활력이 부족한 측면이 있습니다. 혼자서는 무기력하고 우울해지기 쉽습니다. 그러므로 스스로 독립하는 것보다는 다른 이를 의지하는 경향이 있으며 자신을 채워줄 수 있는 누군가를 찾게 됩니다.

　그들은 쉽게 짝사랑에 빠집니다. 짝사랑에 빠지는 이유는 그들이 행동 에너지가 모자라므로 자신의 마음 속에 있는 것을 행동으로 표현하는 것이 어렵기 때문입니다. 그러므로 그러한 짝사랑은 상대방이 적극적으로 가까이 오지 않는 한 시간이 흐르면서 대부분 그대로 끝나게 됩니다.
　이들은 누군가를 좋아하지만 표현을 잘 하지 못하기 때문에 대체로 자신이 좋아하는 사람보다는 자기에게 접근한 사람과 사랑의 관계를 형성하게 됩니다.
　이들은 자기에게 접근한 이들을 대체로 처음에는 별로 좋아하지 않습니다. 그저 마지못해 만나는 정도이지요. 상대는 자기의 이상형이 아니라고 생각합니다. 그러나 별 다른 대책도 없기 때문에 시큰둥한 상태에서 만나게 되고 상대방은 비교적 적극적으로 나오게 됩니다.

그러나 만남이 계속되면 그러한 상태는 역전됩니다. 이들은 점차로 상대방에 대하여 마음을 열게 되며 나중에는 오히려 상대방에 대한 집착을 가지게 됩니다.

 이들은 애정에 대해서 자기만의 독특한 취향이 있기 때문에 처음에는 잘 마음을 열지 않지만 일단 정이 들면 잘 빠지는 경향이 있기 때문에 상대를 소유하려고 하고 집착하려고 하는 모습을 보이게 됩니다.

 앞서서 이야기한대로 이들은 인간관계의 형성이 쉽지 않습니다. 마음 속에는 많은 상념과 생각들이 오고 가고 있지만 현실적으로 몸과 행동은 잘 따라주지 않습니다. 그러므로 그들은 애정의 관계를 가지는 것도 어렵습니다.

 그래서 그들은 어떤 이와 연인관계가 된다면 비록 그 관계가 그리 좋은 것이 아니라고 하더라도 그 끈이 끊어지는 것을 두려워하게 됩니다. 이제 다시 새롭게 시작하는 것이 너무 두렵고 자신이 없기 때문입니다. 그들은 자기가 이 사람을 놓치면 또 다른 사람을 만날 수 있을 까 하고 생각합니다.

 그들은 항상 모험을 좋아하기보다는 안전한 것을 선호하는 경향이 있습니다. 그러므로 그들은 그 애정의 관계를 견고한 것으로 만들고 싶어합니다. 그리고 그러한 과정에서 집착과 소유에 대한 경향이 생겨납니다.

 만약 이들에게 사랑하던 이가 떠난다면 그들은 아주 심한 상처를 받게 될 것입니다. 그들은 정열과 끈기가 부족하기 때문에 사랑하는 이가 떠난다면 그것을 이를 악물고 막을 힘은 없습니다. 그저 내버려둘 수 밖에 없겠지요. 그러나 그들의 마음 속에서는 아주 오래 동안 그것을 기억하고 상처와 분노를 간직하게 될 것입니다.

이들은 기질적으로 사랑의 성향을 많이 가지고 태어납니다. 이들은 근본적으로 일을 위한 사람이 아니며 사랑을 위한 사람입니다. 그러므로 이러한 기질에서 사람에 대한 소유욕과 애정에 대한 집착은 흔히 나타날 수 있는 약점이기는 합니다.

그러나 이러한 약점은 극복되어야 합니다. 그것은 기질적인 약점이기는 하지만 소유와 집착이란 근본적으로 지옥으로부터, 육성으로부터 오는 것이기 때문입니다. 거기에는 영혼을 질식시키며 고통스럽게 하는 요소가 많이 포함되어 있습니다. 사랑을 하면서도 그 사랑의 감정 안에 항상 상대방을 잃어버리지나 않을까 하는 두려움과 불안이 동시에 포함되어 있습니다. 그것은 주님으로부터 오는 자유한 사랑과는 하늘과 땅만큼 차이가 있는 것입니다.

영혼이 얇은 이들은 진정한 주님의 사랑, 그 깊은 임재와 교제 가운데로 들어가기 전까지는 이러한 성향으로부터 온전히 자유로워지기 어렵습니다. 그래서 그들은 충분히 영혼이 성장할 때까지 상처와 집착과 후회를 반복하면서 살아가게 됩니다.

그러나 자신의 기질과 사명에 대하여 이해하고 적용하게 될 때 그들은 좀 더 빠른 시간에 자유로움을 경험할 수 있게 될 것입니다. 그리고 사람에 대한 소유와 집착에서 벗어나 진정한 사랑을 알게 될 것이며 자유에 근거한 사랑을 경험하게 될 것입니다.

영혼이 얇은 이들에게는 이와 같은 많은 연약함의 증상들이 있습니다. 그러나 그렇게 자신의 성향과 투쟁해가면서 그들의 영혼은 자라갈 수 있을 것입니다.

13. 약한 영혼의 증상들 8) 많은 근심과 불안

  영혼의 껍질이 약한 이들의 중요한 약점 중의 하나는 이들이 근심이 많다는 것입니다.
  이들은 참으로 자주 불안감에 빠집니다. 이들은 아주 염려가 많습니다. 성경에는 쉬지 말고 기도하라는 말씀이 있지만 이들에게는 쉬지 않고 근심거리가 떠오릅니다.

  이들은 별 것을 가지고 다 걱정합니다. 일어날 가능성도 별로 없는 일에 대해서도 아주 꼼꼼하게 대처를 하려고 하는 경향이 있습니다. 예를 들자면 이들은 어떤 건물 안에 있으면 만약에 불이 날 경우에 어디로 대피를 해야하는지 등에 대해서도 미리 생각을 해두는 식입니다.
  종종 이러한 증상들은 정신병적인 강박 증상으로 발전하기도 합니다. 자주 문단속을 확인한다든지 지나치게 깔끔을 떤다든지 하는 것입니다.

  이들이 어떤 중요한 일을 맡게 되면 그야말로 그것은 고역일 것입니다. 아마 일이 마칠 때까지 몸이 바짝 마르게 되겠지요. 너무나 신경을 많이 쓰기 때문입니다.
  그러한 완벽주의적인 성향은 불안감에서 오는 것입니다. 혹시라도 어떤 문제가 생기지 않도록 미리 철저하게 준비를 하려다 보니까 지나치게 모든 것을 완벽하게 하려는 증상이 생기게 되는 것이지요. 자연히 이러한 사람은 본인도 피곤하고 주위에 있는 이들도 피곤하게 됩니다.

   이들은 대체로 법을 잘 지키는 편입니다. 어떠한 틀을 벗어나는 것을 두려워하지요. 죄를 지을만한 용기도 없는 것이 보통입니다.
   그것은 이들이 특별히 영적이거나 죄를 미워하기 때문인 것은 아닙니다. 그들에게는 두려움이 많기 때문입니다.
   그들의 마음 안에도 죄에 대한 욕망들이 있지만 그것을 실천을 용기가 없을 뿐입니다.
   그들은 잘못을 하면 벌을 받을 까봐 두려워합니다. 또한 다른 사람들로부터 나쁜 평판을 받을까봐 두려워합니다.
   그러나 외적으로 드러나는 죄는 잘 짓지 못하지만 그들의 내부에는 죄에 대한 욕망과 전쟁이 많이 일어나고 있기 때문에 이들은 은밀한 죄책감도 많이 가지고 있습니다. 아무튼 그들의 두려움과 불안감 때문에 그들은 외견상 모범생의 모습을 가지고 있습니다.

   이들은 절대로 사업가의 기질은 아닙니다. 이들은 모험이나 불확실성이 많은 일을 전혀 하고 싶은 마음이 없으니까요. 그들은 안전한 길이 아니면 잘 가지 않으려고 합니다. 돌다리도 한참 두들겨 본 후에 결국은 가지 않는 쪽을 선택하지요. 그러니 인생에서 크게 망할 일은 별로 없습니다.
   그러나 외적으로 별일이 없고 평탄하다고 해도 이들이 마음에 평화를 그다지 누리고 있다고는 보기 어렵습니다. 그들의 마음 속에는 항상 근심거리, 불안거리가 있기 때문입니다.

그들의 이러한 근심과 염려는 도대체 어디에서 오는 것일까요?

그것은 그들의 영혼의 특성 때문입니다. 이 역시 원인은 같지요. 그들의 영혼을 보호하고 있는 껍질이 얇기 때문에 그들의 영혼은 항상 외부의 공격에 노출되어 있습니다. 그러므로 기질적으로 그 영혼은 불안감에 사로잡히게 되는 것입니다.

바깥에는 항상 위험과 어두움이 있습니다. 그러므로 바깥과 안의 사이에는 벽이 필요합니다. 아마 담이 없거나 문이 약하다면 그 집은 안전하지 않을 것입니다. 지나가는 사람이 아무나 들어올 수 있겠지요. 이와 같이 문단속이 잘 되지 않은 집에 사는 사람은 불안할 수밖에 없을 것입니다.

영혼이 얇은 사람이 흔히 자기 집의 문단속을 자주 확인하는 경향이 있는 것도 상징적인 의미가 있는 것입니다. 현실의 사소한 습관은 그 사람의 영적인 상태를 보여주고 있는 것이니까요.

그러므로 그러한 태도는 그의 영혼이 바깥 세계에 대하여 두려워하고 있으며 그의 영혼을 보호하고 있는 막이 얇고 약하다는 것을 암시적으로 보여주고 있는 것입니다.

지옥에서는 천국을 향하여 항상 불화살과 같은 공격이 가해지고 있습니다. 그러나 천국을 방비하고 있는 천사들 때문에 천국은 안전하지요. 이와 같이 우리의 영혼도 바깥에서 방비하고 있는 힘이 약하다면 편안한 유지가 어려운 것이며 불안감에 떨 수밖에 없는 것입니다.

결국 이들의 불안감은 영혼에서 나오는 것이며 영혼의 외곽을 강건하게 하는 것을 통해서만이 회복되고 치유될 수 있는 것입니다.

외곽이 견고하게 되면 그들은 상황과 상관없이 다리를 뻗고 자게 되며 그 전처럼 사소한 염려거리에 시달리지 않게 될 것입니다.

2부에서 다루겠지만 그러한 외곽의 힘은 배에서 나온다는 것을 인식할 필요가 있습니다.

이러한 사람들은 마음, 의식의 에너지가 가슴에 몰려 있어서 정은 많지만 권능을 담을 수 있는 그릇인 배에는 에너지가 거의 없기 때문에 그들은 외부로부터 자신의 가슴, 영혼을 제대로 지키지 못하고 있는 것입니다.

이러한 사실을 충분히 깨닫고 영을 강화시키는 방법을 배우게 된다면 이러한 증상들은 그리 어렵지 않게 치유할 수 있습니다. 그리하여 불안과 근심에서 벗어나 자유로운 삶을 살게 됩니다.

이러한 증상으로 오래 동안 시달려 왔던 사람들이라면 그 자유와 행복이 어떠한 것인지 비로소 알고 누리게 될 수 있을 것입니다.

14. 약한 영혼의 증상들 9) 대인 관계의 어려움

앞에서도 잠깐 언급했지만 영혼이 약한 이들은 대인관계에서 어려움 들을 많이 겪습니다. 그들의 대인관계는 폭이 넓지 않습니다. 관계를 맺는 것을 힘들어하기 때문이지요.

그들은 영혼이 약하기 때문에 다른 이들에게 쉽게 제압됩니다. 그러므로 거칠고 강한 이들을 상대하게 되면 그들은 몹시 힘들게 느껴집니다. 그들은 전투에 별로 소질이 없기 때문이지요.

그들은 많은 이들을 상대하기를 원치 않습니다. 그러기에는 에너지가 모자라지요. 그러나 어쩌다가 마음이 맞는 이들을 만나게 되면 마음을 다 쏟아놓는 경향이 있습니다.

물론 그러다가 상대방이 놀라서 도망을 가버리는 일도 있지요. 그런 일이 반복되면 다시는 사람에게 마음을 내어놓지 않아야겠다고 결심을 하지만 그것도 쉽지 않은 일입니다. 그나마 얼마 되지도 않는 인간 관계들을 다 정리해 버리면 이 땅에서 정말 외롭게 되니까요.

이들은 대인관계도 좁을 뿐 아니라 속도 좁다는 이야기를 많이 듣습니다. 자신도 그렇게 생각하지요. 이것 역시 영혼이 보호되지 않고 그래서 영혼에 에너지가 충분하지 않기 때문에 나타나는 현상입니다.

에너지가 모자라고 여유가 없기 때문에 남들의 사소한 실수나 장난에도 너그럽게 대응하지 못하고 화를 내기도 합니다. 한편으로는 그렇게 속이 좁고 여유가 부족한 자신을 한탄해보기도 하지만 그렇다고 자기 마음을 마음대로 바꿀 수 있는 것도 아닙니다.

이들은 감정적으로도 예민하며 기복이 심한 편입니다. 또한 여유가 부족하다보니 사소한 것에 상처를 받고 무척 오래 가지요. 그러니 원만한 대인관계를 가지는 것이 어려울 수밖에 없습니다.

이들은 영혼의 껍질이 얇은 만큼 민감하고 섬세한 편입니다. 그러므로 사소한 것에 애착을 느끼며 사소한 것에 감동을 느끼지요. 그렇기 때문에 사소한 것에 상처를 받게 되는 것입니다.
만약 누군가 아주 섬세한 사람이 이러한 사람의 마음을 이해하고 알아준다면 그는 그러한 사람에게 빠질 가능성이 높습니다. 그렇기 때문에 그러한 사람을 간절하게 찾게 되지요.

인간관계를 잘 맺는 것은 삶을 누리고 행복을 맛볼 수 있는 가장 중요한 요소가 되겠지요. 그러나 그것이 쉽지 않기에 영혼의 껍질이 얇은 이들은 이 땅에서 고독하고 피곤하고 지치게 됩니다.
물론 은혜의 측면에서 생각할 때 사람에 대한 실망과 상처는 영혼이 눈을 뜨고 주님의 깊은 임재와 사랑의 교제에 가까이 나아가게 하는 면이 있으므로 그것은 감사할 일입니다.

영의 세계를 이해하고 자신의 기질과 상태를 파악함으로서 그가 영적 에너지를 얻는 방법을 배우고 여유를 가질 수 있게 된다면 그는 훨씬 더 삶을 아름답고 풍성하게 살 수 있게 될 것입니다. 그가 자신의 상태를 극복할 수만 있다면 그는 사람의 마음을 이해하고 섬기는 데에 많은 재능과 소질을 가지고 있기 때문에 상한 사람을 도와주는 데에도 잘 쓰여질 수 있겠지요.

어쨌든 많은 약점이 있다고 하더라도 그 약점을 통해서 새롭게 배우게 되고 성장하게 된다면 그것은 아주 좋은 일입니다. 그것은 약점이 없는 것보다 훨씬 좋은 것이지요. 이제 당신도 곧 그렇게 자신의 약점을 극복하고 풍성하고 아름다운 관계 속에서 행복한 삶을 살게 되실 것입니다.

15. 약한 영혼의 증상들 10) 의지의 연약함

영혼의 약한 사람들의 공통적인 어려움은 의지가 약하다는 것입니다. 그리고 일관성이 없다는 것입니다. 그들은 한 번 시작한 일을 제대로 잘 끝내지 못합니다.

그들은 쉽게 감동을 받고 도전을 받습니다. 예를 들어서 어떤 집회에 가서 많은 감동을 받습니다. 그리고 집회에서 감동을 받은 내용을 실천하려고 합니다. 또는 영적인 책을 읽고 또한 감동에 사로잡힙니다.

하지만 그들의 실천은 그리 오래 가지 않습니다. 그들의 결심에 비해서 열매는 너무나 미미합니다. 작심삼일이라는 말에 그들은 아주 익숙합니다.

한 때는 그들이 무엇인가에 몰두하여 다른 이들을 설득하려고 애를 쓰지만 조금 시간이 지나면 그들은 다른 데에 관심을 가지게 되어 그것에는 이미 흥미를 잃어버렸기 때문에 자기가 설득하던 이들을 피하여 도망 다닙니다.

어떠한 일을 추진하고 열매를 맺기 위해서는 처음에 이해와 깨달음이 필요합니다. 그리고 다음에 감동이 있어야 합니다. 그리고 그 깨달음과 감동을 실천에 옮기고 마무리하는 데는 힘과 권능이 필요합니다.

영혼이 약한 이들은 처음 단계에서 이해와 감동은 잘 받는 편입니다. 그리고 불타는 열정에 사로잡히게 됩니다. 문제는 그들은 바람과 같은 기질이라 감동은 잘 받지만 힘과 권능은 부족하다는 것입니다. 인내와 끈기는 별로 없다는 것입니다.

　인내와 끈기는 대체로 이해와 감동이 부족한 사람들에게 많습니다. 그들은 집회 때에도 별로 은혜를 받는 것 같지 않습니다. 그러나 꾸준하게 걸어갑니다. 반면에 영혼이 약하고 얇은 사람은 그렇지 않습니다.
　예를 들어서 어떤 모임이 생깁니다. 감동을 잘 받는 이들이 가장 먼저 이 모임의 필요성을 이야기합니다. 그리고 규칙을 정합니다.
　어떤 이들은 마지못해 시큰둥하면서 이 모임에 나옵니다. 그런데 조금 지나면 제일 먼저 모임에 빠지기 시작하는 사람이 이 감동을 잘 받는 사람입니다. 그리고 끝까지 계속 나오는 사람은 무덤덤하게 아무 감동도 없이 오는 사람입니다. 이러한 현상은 어디서나 쉽게 볼 수 있는 현상입니다.

　감동과 의지는 서로 대립되는 면이 있습니다. 그래서 감동을 잘 받고 예리한 사람은 의지가 약하며 강건하지 않습니다. 또한 둔감한 사람은 의지가 강한 편이며 인내가 많고 꾸준합니다. 이것은 망치는 뭉특하지만 강건하고 바늘은 예리하지만 약한 것과 같습니다.
　물론 바늘과 망치는 나름대로 사명이 있고 쓰임새가 있기 때문에 그러한 기질적인 특성 자체가 나쁜 것은 아닙니다. 바늘의 사람은 망치의 사람에게 도움을 얻어야 하며 망치의 사람은 바늘의 사람에게 도움을 얻어야 합니다. 그렇게 서로 약점을 보완하며 같이 성장해갈 수 있습니다.

그러나 영혼의 균형과 안정을 위해서 바늘의 사람도 망치의 힘과 강건함을 배울 필요가 있습니다. 모든 일에 남의 도움을 요청할 수는 없는 일이니까요.

그러므로 영혼이 약하고 민감한 이들은 의지의 강건함을 훈련할 필요가 있습니다. 그렇지 않게 되면 그들은 항상 실패와 포기를 경험하면서 점차 스스로 자신감을 잃어버리고 무기력해질 수 있기 때문입니다.

영혼의 성장이란 바로 이렇게 부드러우면서도 강인하고 섬세하면서도 강력한 사람이 되는 것을 의미합니다. 그렇게 균형과 조화를 이루어가면서 그들은 영적으로 자라 가는 것입니다.

쉽게 감동을 받고 그리하여 일을 시작하고 그러나 이를 뒷받침해 주는 의지의 힘, 능력이 없어서 일을 중간에 포기하고.. 이러한 악순환은 이제 영혼을 강건케하는 프로그램을 훈련하면서 점차 회복되기 시작할 것입니다. 점차 그의 의지는 강화되고 무엇이든지 원하는 것은 지속적으로 추진하여 열매를 얻을 수 있게 될 것입니다.

그것은 참으로 진정한 자유입니다. 무엇이든 일관성과 끈기를 가지고 꾸준하게 추구할 때 그것은 반드시 이루어지게 되어 있기 때문입니다.

부디 그러한 자유와 열매를 추구하시기 바랍니다. 그러한 변화를 열망하시기 바랍니다. 만약 당신이 원하신다면 당신은 충분히 그것을 성취할 수가 있습니다.

16. 약한 영혼의 증상들 11) 남들의 짐을 짊어짐

　영혼이 약한 이들은 수많은 짐을 짊어지고 삽니다. 자신의 짐만 지는 것도 피곤한데 자기뿐만 아니라 가족들, 친구들, 심지어 온 세상의 짐도 다 지고 사는 경향이 있습니다.
　이들은 항상 짐에 짓눌려 있습니다. 그것은 자신이 원하는 짐이 아니라 의무감에서 가지고 있어야 하는 짐입니다. 그러므로 그들의 삶은 항상 무겁고 피곤할 수밖에 없는 것입니다.

　이들은 자신의 문제뿐만이 아니라 남의 문제들을 가지고도 고민합니다. 부모 걱정, 자식 걱정, 형제 걱정, 친구 걱정 등 이들은 자신이 짊어지고 있는 짐으로 인하여 걱정과 고민이 끊이지 않습니다.
　막상 상대방은 별로 괴로워하지도 않는데 이렇게 남의 짐을 짊어지고 있는 사람은 오히려 더 힘들어합니다.

　그들은 다른 이들의 문제로 인하여 고통스러워합니다. 다른 사람의 성품 때문에, 변화되지 않는 것 때문에, 질병 때문에 괴로워합니다.
　어떤 이들은 그러한 남들의 문제 때문에 막상 자신의 문제는 돌아볼 여유도 없습니다. 흔히 효자나 효녀로 알려져 있는 이들은 그들의 영혼 속에 부모들을 짊어지고 사는 것이 보통입니다. 그리고 그것을 당연한 것으로 생각합니다.

부모들은 자녀들에 대한 걱정 때문에 노심초사하는 것이 보통입니다. 그것도 남의 영을 짊어지고 사는 것입니다. 그것은 당연해 보이지만 영이 눌린 것이며 묶여있는 것입니다.

어떻게 그렇게 남들의 짐을 지고 사는 것이 가능할까요? 그것은 다른 사람의 영들이 그들 안에 들어왔기 때문입니다. 살아있는 사람의 영도 다른 이들에게 붙어있을 수 있습니다. 그것은 영혼의 영향력이라고도 할 수 있을 것입니다.
이러한 일이 보편적인 것이기 때문에 사람들은 그러한 눌림 속에 사는 것에 익숙해있습니다. 그러나 그것은 결코 자유로운 삶이 아닙니다.

사랑에 빠진 사람은 자나깨나 애인에 대해서 생각합니다. 그 영에 잡혀 있는 것입니다. 그래서 모든 것을 그 사람의 시각과 관점에서 보며 그를 기쁘게 해주려고 하게 됩니다. 이것이 바로 그 사람을 짊어지고 사는 것입니다.
물론 이것은 즐거운 눌림이기 때문에 본인은 이에 대하여 고통스러워하지 않을 것입니다. 그러나 사실 이러한 그의 상태는 그의 고유한 영을 소멸하고 약해지게 합니다.

다른 사람의 영을 받아들이고 짊어지고 사는 사람은 자신의 삶을 살지 못합니다. 그래서 피동적이 되고 기계적인 사람이 됩니다. 영혼의 자발성과 독립성이 점점 없어집니다. 처음에 그들은 사람의 영에 눌리고 있었지만 자연히 그들은 어두운 영들, 악한 영들에게 눌리기 시작합니다.

우리는 고유한 존재이며 고유한 인격입니다. 주님은 우리에게 자유를 주셨습니다. 그러므로 우리는 그러한 자유를 회복해야 합니다.

우리는 사람을 사랑하고 좋은 관계를 가져야 합니다. 그러나 그들의 영이 우리의 영의 중심에 들어오도록 해서는 안 됩니다. 우리 영의 중심에는 오직 우리와 주님만이 있을 수 있습니다. 그래서 사람의 영 가장 깊은 곳에서 사람과 주님과의 연합이 이루어질 수 있는 것입니다.

다른 이들의 영이 영혼의 중심에 오게 되면 그 영혼은 점차로 망가지게 됩니다. 오직 상대방의 마음을 얻기 위해서 자신이 존재하며 상대방의 태도에 따라서 기쁨과 고통이 교차합니다. 이것은 이미 노예의 삶이며 바른 사랑이 아닙니다.

영혼이 약한 이들이 다른 사람들의 짐들을 짊어지며 그러한 고통과 부담을 가지고 주님께 나아간다면 그것은 좋은 일입니다. 그들은 그러한 짐을 주님께 드리며 마음에 평화가 올 때까지 기도한다면 그들은 자유를 맛보게 되며 기도의 응답을 경험하게 될 것입니다. 그러나 그렇게 주님께 나아가지 않고 짐을 짊어지고만 있다면 그것은 일종의 재앙입니다.

영혼이 약한 이들은 다른 사람들의 부정적인 말에 의해서 쉽게 묶이는 경향이 있습니다.

예를 들어서 부모로부터 '너는 참 바보 같은 아이야'라는 말을 들었다고 합시다. 그 말은 그 영혼의 중심 깊숙이 들어와서 그 사람의 인격과 삶을 규정합니다.

그래서 그는 무기력과 미련한 영들을 받아들이는 그릇이 될 수 있습니다. 그러한 악한 말들도 영혼이 약한 자들이 짊어지고 있는 무거운 짐인 것입니다.

부모들의 지나친 기대감이나 부담감도 자녀들의 영혼을 질식시키는 짐과 같은 것입니다. 이러한 짐들은 영혼이 약한 이들에게는 심각한 고통이 될 수 있습니다.

다른 사람의 악한 말이나 부담을 주는 말, 다른 사람의 문제나 요구들은 약한 영혼들에게 짐이 되는 것입니다. 이들은 할 수 있는 한 그러한 짐을 받아들이지 말아야 합니다. 그러한 짐, 그러한 말, 그러한 문제를 우리의 영혼 바깥에 두어야 하며 우리의 심장에까지 가지고 들어와서는 안 됩니다.

실연을 당한 사람들이 심장에 극심한 고통을 겪는 것은 상대방의 영을 그의 심장에까지 데리고 들어왔기 때문입니다. 그것은 영적인 면에서 간음과 같은 것입니다. 우리의 영혼, 심장에는 오직 주님만이 입성하실 수 있습니다. 그렇지 않은 것은 많은 후유증을 가져오게 됩니다. 돈이든, 명예든 그 어떤 것도 우리의 심장을 차지해서는 안 됩니다.

우리가 사람을 사랑하는 것이 아니라 우리 안에 계신 주님이 우리를 통해서 사랑하게 하실 때 우리는 우상에서 벗어나고 자유로운 사랑을 할 수 있습니다.

우리가 짐을 지는 것이 아니라 우리 안에 계신 그분이 우리에게 짐을 주실 때 우리는 기쁨으로 짐을 지게 됩니다. 그분이 주시는 짐은 가볍고 자유로운 것이기 때문입니다.

심장에는 오직 주님만을 모시며 우리의 사랑이 아닌 주님의 사랑으로 사랑하고 우리가 지는 짐이 아닌 주님의 주시는 짐만 지고.. 이러한 이야기는 머리로 이해하기는 조금 어려울지도 모릅니다. 이것은 직접적인 경험을 통해서만 비로소 알 수 있는 것입니다.

분명한 것은 이제는 그러한 짐들을 벗어버려야 한다는 것입니다. 우리가 짐을 가지고 있다고 해서 나아지는 것은 아무 것도 없습니다.
부모가 자식에 대한 짐과 염려를 가지고 있을수록 자녀들의 삶은 더 무겁고 어두운 영들에게 눌리게 됩니다. 지혜롭지 못한 자녀로 인하여 고민하고 짐을 가지고 있을수록 자녀들에게는 더욱 더 멍청한 영들이 오기 마련입니다. 빗나가고 있는 자녀들로 인하여 짐을 지고 있을수록 자녀들은 더욱 더 빗나가게 되어 있습니다. 짐이란 항상 더 큰 짐을 만들어내는 것입니다.

이러한 이들은 자신이 자녀 때문에 죽겠다, 부모 때문에 못살겠다.. 하고 수시로 고백하지만 사실은 그들이 자녀나 부모를 더 괴롭히고 있다는 사실을 알지 못하고 있는 것입니다. 왜냐하면 그들이 짊어지고 있는 짐에서 벗어날 때 자신도 해방되고 그 대상도 해방되기 때문입니다.

결국 이렇게 남들의 짐을 받아들여서 무거움과 고통을 확산시키며 스스로 어둠 속에서 지치고 피곤하게 사는 것도 영혼이 약하고 힘이 없기 때문입니다.
10키로의 짐을 들 수 있는 사람이 100키로의 짐을 가지고 있다면 그러한 삶이 고달프고 힘들 것은 지극히 당연한 것입니다.

당신은 모든 짐에서 벗어나 자유롭고 풍성한 삶을 살아야 합니다. 지치고 무거운 삶에서 벗어나야 합니다.

주님도 그것을 원하십니다. 그리고 당신도 원한다면 그러한 자유를 누릴 수 있습니다.

부디 강건한 영혼을 가지기 위하여 힘쓰십시오. 그 길은 널리 열려 있습니다. 그 길을 경험하게 될 때 당신은 삶이 너무나 가볍고 자유로운 것임을 알 수 있게 될 것입니다.

17. 약한 영혼의 증상들 12) 거절하지 못함

얇은 영혼을 가지고 있는 이들의 가장 큰 어려움은 거절하는 것일 것입니다. 남의 도움이나 요청, 그리고 명령을 거절하는 것, 그것은 그들에게 있어서 가장 힘들고 어려운 일입니다.

오래 전에 대그우드 블론디가 나오는 만화를 본 적이 있습니다. 대그우드가 회사의 사장에게 아주 화가 나서 블론디에게 말하기를 '당장 이 놈의 회사를 때려치우겠다'고 큰 소리를 치는 장면입니다. 회사에 가서 사장에게 마구 화를 내면서 사표를 쓰겠다는 것입니다.
블론디는 마구 애걸을 하면서 대그우드의 화를 가라앉히려고 애를 씁니다. 제발 참으라는 것이지요.
하지만 대그우드는 그녀의 손을 뿌리치고 당당한 걸음걸이로 회사에 갑니다.
그 다음 장면은 회사에 간 대그우드가 사장과 만나는 장면입니다. 대그우드는 막상 사장을 보자 아무 말도 못하고 그저 공손하게 인사를 합니다. 그리고 일을 하지요. 일을 마친 대그우드는 집으로 오는데 여전히 겁에 질려 있는 블론디가 남편에게 묻지요. "여보, 어떻게 됐어요?"
물론 대그우드는 고개를 떨어뜨리고 아무 말도 못하지요. 그러다가 사장이 너무나 애처롭게 빌기 때문에 용서해주기로 했다고 이야기합니다. 이것이 만화의 끝이지요.

간단한 내용이지만 입으로만 큰 소리를 치고 현실에서는 유약한 이들의 모습을 잘 묘사해주고 있습니다.

혼자 있을 때는 잘 할 수 있을 것 같고 누가 옆에서 거들어주는 사람이 있을 때는 그 앞에서 큰 소리를 치지만 막상 상대방 앞에서는 어쩔 줄을 몰라하는 모습들 - 이것은 영혼의 껍질이 얇은 사람들에게서 흔히 나타나는 모습입니다.

거절을 하지 못하는 심리도 이와 비슷할 것입니다. 막상 상대방을 만나게 되면 상대방이 무엇을 요구할 때 혼자 있을 때와 달리 그것을 딱 잘라 거절할 수가 없는 것입니다. 아마 너무 매몰차게 보이기 때문이겠지요.

아는 이들로부터 보증을 서줄 것을 요구받고 이것을 거절하지 못해서 가정이 깨어지고 친구 사이가 깨어지는 것은 아주 흔한 일입니다.

하지만 그것을 잘 알면서도 막상 상대방이 어려운 입장을 호소하면 그 자리에서 그것을 뿌리치지 못하는 것이 이러한 사람의 특성입니다.

그러니 이러한 사람을 배우자로 두고 있는 사람도 같이 불안하게 되지요. 그래서 그러한 이들의 아내나 남편이 대신해서 매몰차게 거절하는 악역을 맡을 수밖에 없게 됩니다.

보증과 같이 큰 부탁 외의 일상의 사소한 부탁이나 요구도 이러한 사람은 잘 거절하지 못합니다. 그래서 항상 짐을 지고 살게 되지요.

이들은 그 앞에서는 거절하지 못하다가 집에 와서 혼자 있을 때 생각하면 너무 부담이 되기 때문에 다시 찾아가서 자기의 결정을 번복하기도 합니다. 그래서 우유부단하다, 체신 머리 없다는 이야기도 많이 듣지요. 하지만 그렇게 승낙한 것을 다시 거절하려고 해도 다시 상대방이 간청을 하면 다시 넘어가고 마는 것이 보통입니다. 이러한 일이 반복되면 자신에게도 짜증이 나겠지요.

  친구들은 이러한 이들을 좋아할 것입니다. 군소리 없이 그들의 요구를 항상 들어주니까요. 그러나 막상 그의 속에는 스트레스가 많이 쌓이게 됩니다. 그러니 친구 관계도 불편하게 느끼게 되는 것입니다. 나중에는 아주 지쳐버리게 되니까요.
  게다가 평소에 항상 친구들의 요구를 들어주다가 나중에 지쳐서 한번 거절하면 '너, 요즘 이상해졌다'고 욕을 먹게 되니 평소의 헌신적인 봉사는 아무 의미가 없게 됩니다. 정말 억울한 일이지요.

  억지로 하는 봉사이기는 하지만 그것이 다른 이들에게 도움이 되는 것이기 때문에 마치고 나면 보람이 느껴지지 않을까요?
  그러나 별로 그렇지도 않습니다. 사람이란 비록 선행이라고 해도 자신이 선택하고 결정해서 했을 때 기쁨과 보람을 느끼게 되는 것입니다.
  그런데 이들의 경우는 자신이 싫은 데도 일종의 강요에 의해서 하게 되는 일이기 때문에 비록 좋은 일이라고 해도 뭔가 당하는 기분이 들고 별로 즐겁지 않은 것입니다.

  이러한 인생이 행복할까요? 물론 아닙니다. 자기 스스로 그렇게 봉사와 섬김의 삶을 선택하고 그것을 기뻐한다면 그것은 다르지요.

그러나 이렇게 거절하지 못하고 사소한 일에도 남에게 끌려가는 삶은 일종의 노예 생활에 불과합니다. 그는 하나의 기계처럼, 로보트처럼 수동적으로 사는 것이니까요.

사람에게는 선택권이 있으며 자기 의사에 따라서 예와 아니오를 결정해야 합니다. 그리고 하나님께서도 그러한 인간의 권리를 억압하시지 않습니다. 그러한 자유 속에서 비로소 인생은 보람 있고 풍성한 삶을 살 수 있는 것이지요.

그러나 이러한 이들에게는 그러한 선택권이 없습니다. 그들은 싫은 것을 싫다고 거절하지 못합니다. 그들은 항상 무거운 남의 짐을 지고 삽니다. 그들은 자신을 잃어버리고 삽니다.

더욱 큰 문제는 이들이 주님을 사랑하고 그의 길을 따라가려고 해도 사람들의 반대와 공격에 부딪칠 때 쉽게 좌절하고 만다는 것입니다.
나는 본인이 원하지도 않는 불신자와의 결혼을 주위의 강요와 압력 때문에 어쩔 수 없이 하는 이들을 많이 보았습니다. 물론 그러한 선택이 불행한 결혼 생활을 가져오는 것은 말할 나위도 없습니다.

이들은 사람들을 두려워합니다. 이들은 '사람에게 덕을 세워야 한다'는 말을 중요하게 생각합니다.
그러나 이들은 덕을 좋아하다가 세상 사람들을 따라가게 되고 사람보다 더 중요하고 두려워해야 하는 하나님과 하나님이 명령하시는 그 법을 제대로 지킬 수가 없는 것입니다.

싫은 것에 대하여 거절하지 못하는 것 – 이것은 중대한 묶임입니다. 우리는 이것을 벗어버려야 합니다. 필요할 때 거절하는 것을 배우지 못해서는 결코 주님을 따라갈 수가 없습니다.

거절하지 못하는 사람은 자신의 삶을 살아갈 수 없으며 항상 남의 인생을 살아야 합니다. 그것은 삶이 아닙니다.

물론 그러한 유약함이 가져다 주는 여러 문제점이나 고통들에 대해서는 본인들이 가장 잘 알고 있겠지요.

본인들이 충분히 자신을 변화시키고자 하는 의욕이 있다면, 그래서 진정한 자유와 승리의 삶을 살기 위하여 노력하겠다면 그들은 곧 자유의 삶을 향하여 갈 수 있습니다.

부디 주님이 주시는 깊은 자유와 해방을 경험하십시오.
그 놀라운 풍성함을 사모하십시오.
그리고 자유롭게 선택하고 거절할 수 있는 사람이 되십시오.
주님은 당신에게 그러한 자유의 삶을 허락하실 것입니다.

18. 심령이 약한 사역자

영혼의 힘이 약한 그리스도인들은 삶에서 승리하기 어렵습니다. 그는 원함은 있으나 그것을 이룰 수 있는 힘은 없기 때문입니다. 그러므로 그는 그리스도인들에게 주어진 의무감과 그것을 이루지 못하는 좌절감 속에서 삶을 살아가게 됩니다.

심령이 약한 사역자들은 일반 그리스도인들보다 더 어렵고 힘든 삶을 살게 됩니다. 그의 영은 약하지만 그에게 주어지는 사역과 의무는 더 많기 때문입니다. 당연히 그의 사역은 열매를 맺기 어려우며 그는 무거운 짐 속에서 허덕이게 됩니다. 영혼이 약한 사역자들은 대체로 선한 성품을 가지고 있습니다. 그들은 강퍅한 사람이 아닙니다.

강건하지만 강퍅한 사역자들이 있습니다. 그들은 영혼이 둔감하지만 대신 두껍기 때문에 강하고 담대합니다. 그들은 성도들에게 상처를 주고 압제합니다. 이러한 이들 가운데 외적으로 보기에는 사역이 성공하고 있는 것으로 보여지는 이들도 있습니다.

강퍅한 사역자는 성도들을 지배하고 군림합니다. 그들은 영이 둔하고 양심이 둔하기 때문에 자신을 드러내고 높이는 것을 좋아하는 경향이 있습니다. 그들은 사역자가 저지르기 쉬운 가장 무서운 일 - 주님의 영광을 도적질하는 것 -을 할 수도 있습니다. 그것은 정말 비극적인 일입니다.

그러나 심령이 약한 사역자들은 그러한 일은 꿈도 꾸지 못합니다. 그들은 선량한 사람이며 자신을 높이고 성도들을 지배하려고 하지 않습니다. 적어도 그들은 성도들을 섬기기 원하며 사역자의 권위를 내세우는 것보다 주님의 모습을 보여주는 바른 사역자가 되기를 원합니다.

그들은 약하지만 그래도 진실한 사역자들입니다. 그러나 그렇다고 그들의 사역이 풍성한 열매를 맺으며 보람 있는 삶을 살게 되는 것은 아닙니다. 그것은 그들의 영은 눌려 있기 때문이며 그러므로 그들의 사역도 같이 눌리게 됩니다.

그들에게는 영적인 권위가 없습니다. 물론 이러한 사역자들은 자신의 권위를 내세우는 것을 좋아하지 않습니다. 그러나 이들은 영적인 힘과 권위가 없어서 성도들을 리드하지 못하기 때문에 자주 무례한 성도들에게 상처를 받고 눌리게 됩니다.

이러한 사역자가 자신의 권위를 내세우는 것을 좋아하는 것은 아니지만 그렇다고 성도들에게 눌리고 상처를 받는 것을 좋아하는 것도 아닙니다.

영적 권위가 부족한 사역자에게 함부로 대하는 성도들은 어디서나 존재합니다. 그리고 그 배후에는 악한 영들의 장난이 있습니다.

무례한 성도들의 인격에도 문제가 있지만 더 중요한 것은 그 배후에 있는 악한 영들의 정체를 분별하고 제압할 영적인 힘이 사역자에게 없다는 것입니다.

원래 악한 영들은 교회와 목회를 파괴하기 위하여 다양한 공격을 합니다. 그러니 그러한 것을 분별하고 깨뜨리지 못하게 되면 눌리고 고통을 겪는 것이 당연한 것입니다.

심령이 약한 이들은 마음의 폭이 그리 넓은 편도 아니기 때문에 그렇게 성도들에게 받는 사역자의 마음의 상처는 깊어지고 오래 갑니다.
그런데 그러한 마음의 유감을 잘 표현하지도 못하기 때문에 그들은 스트레스를 많이 받으며 더러 강대상에서 그러한 개인적인 감정이 나타나게 됩니다. 물론 그러한 것은 성도들에게 반성을 일으키는 것보다는 분노를 유발하기가 더 쉽습니다.

심령이 강하고 리더쉽이 있는 사람이 화를 내면 사람들은 두려워합니다. 그러나 심령이 연약한 사람이 화를 내면 사람들은 오히려 더 기분나빠하고 불쾌히 여깁니다. 정말 이 세상에서 영적 권위가 없이 살아가야 한다는 것은 너무나 비극적인 일입니다. 게다가 사역자의 경우는 말할 나위가 없는 것입니다.

심령이 약한 사역자들은 영적인 능력이 부족합니다. 그러므로 성도들의 영적인 문제들을 해결해주지 못합니다.
성도들은 영적인 분별력과 힘이 모자라서 세상에서 눌리고 헤매게 되는데 사역자가 그것을 분별하고 도와주지 못한다면 그들은 불만이 쌓이게 됩니다.

사역자는 성도들이 어떠한 영에 묶여 있으며 그것을 어떻게 해결해야 하는 지를 알고 그 배후의 영들을 영적인 능력으로 부숴 버리고 그들의 영을 풍성하고 자유롭게 만들어 주어야 합니다. 그러나 자신의 영도 잘 지키기 어려운 약한 사역자에게 그것은 무리한 일입니다.

사역자는 그들을 돕지 못합니다. 그리고 어떻게 도와야 할지도 잘 모릅니다. 그들은 자기 나름대로 조언을 하지만 성도들은 자유함을 얻지 못하며 여전히 눌린 상태에 있습니다. 그러면 사역자는 성도들에게 책임을 전가하거나 아니면 자책감에 사로잡히게 됩니다. 이것은 참으로 불행한 일입니다.

심령이 약한 사역자들은 성도들의 눈치를 많이 보는 편입니다. 그들은 누군가 명백하게 잘 못하고 있는 일에 대해서도 잘 꾸짖지 못합니다.
다른 이들이 싫어하는 이야기는 잘 하지 못하기 때문입니다. 그는 기껏 간접적으로 조금 암시를 줄뿐입니다. 그러나 그러한 메시지가 전달되지 못하게 되면 그는 무력감을 느낍니다.
이러한 사역자는 어떠한 이야기를 하면 어떤 성도가 어떻게 반응할까에 대하여 많이 신경을 쓰게 됩니다. 결국 사람들에게 부담을 주는 메시지는 전할 수 없게 됩니다. 그러니 그의 사역이 힘들 것은 당연합니다.

그는 성도들에게 일을 시키는 것보다는 차라리 자신이 하는 것이 낫다고 생각합니다. 따라서 온갖 궂은 일을 하면서 힘을 소진하게 되는 경향이 있습니다.
성도들 중에 누군가가 그를 싫어하고 대적한다면 그는 심각한 고통을 받습니다. 그것은 그의 사역 의지를 떨어뜨립니다. 게다가 그를 괴롭히는 사람이 그가 과거에 많이 사랑해주고 이끌어 주었던 사람일 경우에 그는 목회의 의욕을 잃어버리게 됩니다. 그것은 심령이 약한 사역자들이 흔하게 겪어야 하는 일입니다.

약한 사역자들은 일관성있게 무엇을 추진하지 못합니다. 예를 들어 성령 운동을 하고 싶어도 일부의 성도들이 반대하면 그는 과감하게 나아가지 못합니다. 그는 지금은 때가 아니라고 생각합니다.

교회의 역사 몇 천년 동안 교회에서 성령의 역사가 일어나면 그것을 반대하는 움직임은 항상 있었습니다.
교회에서 세력을 가지고 있는 사람들은 새로운 영의 움직임이 있을 때 교회에서 자신들이 가지고 있는 영향력을 잃게 되는 것을 두려워합니다. 그래서 그들은 겁도 없이 하나님의 일을 막습니다. 물론 본인들은 그것이 하나님의 뜻이라고 굳게 믿습니다. 영적인 무지만큼 비참하고 무서운 것도 없는 것입니다.
약한 사역자들은 이러한 경우 갈등합니다. 그리고 타협점을 찾습니다.

교회의 역사만큼이나 교회에서는 분쟁이 많이 있었습니다. 성령의 운행이 충만했던 초대 교회에서도 많은 갈등과 싸움이 있었습니다. 물론 그 배후에는 악한 영들의 장난이 있었습니다. 그것은 지금도 마찬가지입니다.
약한 사역자들은 그러한 갈등과 싸움을 두려워합니다. 그러므로 그들은 포용하기를 좋아합니다. 자신이 좋아하는 것이 있지만 가급적이면 갈등이 없이 무사하게 지나가고 싶어합니다.
사실 그것은 사랑과 포용이라기 보다는 일종의 타협에 가깝습니다. 그러나 그러한 전략은 일시적으로는 평화를 제공합니다.

심령이 약한 이들의 이러한 화합적인 기질은 장점이 되기도 합니다. 그러나 교회의 정화, 주님의 주인되심, 교회 안에서의 주의 영의 자연스러운 운행에는 커다란 장애가 됩니다. 주의 영을 거스르는 이들은 언제나 교회 안에 있었기 때문입니다.

이러한 경우에 어떠한 행동이 옳으냐 하는 것은 다른 문제가 될 것입니다. 아무튼 중요한 것은 심령이 약한 사역자는 무엇이든 자신이 하고 싶은 사역, 본인이 주님의 감동을 받았다고 느끼고 시작한 사역이라고 하더라도 공격과 방해를 받을 때 그것을 추진하지 못하고 쉽게 무기력하게 무너지는 경향이 있다는 사실입니다. 그것은 실로 안타까운 일입니다.

심령이 약한 사역자는 성령의 권능이 강력하게 임재하는 예배를 인도하기가 어렵습니다. 그의 영 자체가 약하고 눌려 있기 때문에 그는 하나님의 영을 강하게 끌어당길 힘이 없습니다.

그가 인도하는 예배는 좋게 말하면 차분하고 안정된 집회이고 나쁘게 말하면 침체되고 답답한 예배입니다. 예배는 그 예배를 인도하는 사람의 영적인 상태에 크게 좌우되는 것이 보통이기 때문입니다.

심령이 약한 사역자는 밤낮 설교에 대한 부담으로 가득합니다. 그는 몸은 쉬어도 마음이 쉴 수가 없습니다.

설교의 깨달음과 영은 영혼이 맑은 상태에서 오는 것인데 영이 얇고 약한 이들은 영을 맑게 유지하는 것이 어렵기 때문입니다. 그의 영혼은 수많은 잡념으로 인하여 자주 혼미함 속에 들어가기 때문에 맑고 신선한 깨달음과 기름부음을 받기가 어렵습니다. 그러므로 그는 설교의 착상을 얻는 데 어려움을 느끼게 됩니다.

성도의 집에 심방을 가더라도 그는 가서 전해야 할 설교에 대한 부담에서 벗어나기 어렵습니다. 그것은 그의 영혼을 지치게 합니다.

　심령이 약한 사역자는 진정으로 성도들을 사랑하는 것이 어렵습니다.
　그의 영은 성도들을 사로잡고 있지 못하기 때문에 그를 무례하게 대하거나 불순종하고 거스르는 이들이 있습니다. 그것은 그의 마음을 상하게 합니다.

　사역자는 교회를 위하여 밤낮 헌신하고 애를 쓰지만 거의 전혀 관심이 없어 보이는 성도들의 모습은 그에게 상처가 됩니다. 그러한 분노가 마음 속에 남아 있기 때문에 그것은 그가 성도들을 긍휼히 여기고 사랑하는 마음을 가지는 데에 장애가 되는 것입니다.

　심령이 약한 사역자는 항상 많은 짐을 지고 삽니다. 그는 자신의 짐 뿐 아니라 성도들이 가지고 있는 무거운 짐들을 같이 지고 있습니다. 성도들이 가지고 있는 여러 가지 문제와 짐 때문에 그는 항상 마음의 부담을 느낍니다. 성도들이 어려움을 겪게 되면 그는 괜히 자신이 죄스럽게 느끼게 됩니다. 그러니 그의 몸도 마음도 영혼도 쉽게 많이 지치게 되는 것입니다.

　심령이 하나님의 영으로 충만되고 강건하지 않은 사역자의 사역이란 정말 지치고 피곤하며 고통과 부담으로 가득한 것입니다. 그것은 문자 그대로 고생길입니다.
　그러니 심령이 약한 그리스도인들도 어려움이 있지만 심령이 약한 사역자들은 더욱 더 힘든 삶을 살게 되는 것입니다. 이러한 문제들이 결국 연약한 영혼 자체에 있는 것이며 영혼의 껍질이 약하고 강건하지 않다는 것을 이해하게 된다면 그 해결책은 가까이 있습니다. 그것은 결코 복잡하고 어려운 길이 아닙니다.

심령이 연약한 사역자들은 정말 강력하고 놀라운 권능의 역사를 경험해야 합니다. 그리하여 영적으로 충만한 사역자들이 되어야 합니다.
그러한 영성의 회복 외에는 그 어떤 테크닉이나 세미나도 그의 사역에 도움을 줄 수 없습니다. 그 모든 방법론들은 그의 영혼이 강건해야만 소화하고 추진할 수 있는 것이기 때문입니다.

당신이 만일 영혼의 연약함을 경험하고 있는 사역자라면 부디 권능을 얻고 당신의 영혼을 강건하게 하시기를 기원합니다. 그것은 당신에게 모든 문제의 해결점이 될 것입니다.
사역자가 영혼의 강건함과 풍성함을 얻고 그의 사역이 풍성해진다는 것 – 그것은 아주 놀라운 일입니다. 그것은 바로 교회의 풍성함과 변화를 의미하는 것이며 이는 모든 그리스도인들에게 놀라운 복이 될 것입니다.

지금까지 1부에서는 영혼이 약하고 얇은 이들의 여러 증상이나 그 원인과 원리에 대하여 살펴보았습니다.
앞으로 2부에서 그 구체적인 회복과 치유의 원리에 대하여 살펴보기로 하겠습니다. 부디 주님의 은혜와 자유함이 여러분들에게 임하시기를 바랍니다.

2부
자유를 위한 원리와 적용

1. 몸을 통한 영혼의 훈련

 사람들은 영혼의 기능이나 감각에 대하여 피상적으로 이해하고 있지만 영혼은 아주 실제적인 존재입니다. 그리고 그 영혼은 육체 ‒ 보이는 몸에 의하여 표현됩니다.
 그러므로 영혼의 훈련에 있어서 몸의 훈련, 몸의 구체적인 부분에 대한 훈련과 기도는 아주 밀접한 관계가 있습니다.

 예를 들어서 생각을 빨리 하는 훈련을 한다고 합시다. 이것은 실제로 어려운 훈련입니다. 도대체 어떻게 해야 생각을 빨리 할 수 있을지 애매할 것입니다. 생각이란 손에 잡히는 것이 아니기 때문입니다.
 오래전 학창 시절에 한때 속독법 훈련이 유행하던 시절이 있었습니다. 나도 몇 번 속독법 교본을 따라 훈련을 해보았지요. 그것은 눈동자를 빨리 움직이는 훈련이었습니다.
 아주 많은 효과를 보지는 못했지만 재미있는 경험을 할 수 있었습니다. 눈을 빨리 움직이는 훈련을 하다보니까 실제로 시야가 넓어지는 것을 느낄 수 있었고 글씨를 볼 때 눈의 빠른 움직임을 따라 이해도가 빨라지는 것이었습니다.
 이것은 몸의 기능과 마음의 기능이 서로 연결되어 있는 것을 보여줍니다. 즉 생각을 빨리 하는 훈련을 하는 것은 모호하고 어렵지만 눈동자를 빨리 움직이는 훈련을 하는 것은 쉽고 간단합니다. 그리고 그렇게 눈동자를 빨리 움직이는 것을 통해서 생각이 빨리 움직일 수 있는 것입니다.

'마음을 내려놓으십시오.' '마음을 비우십시오.' 이러한 표현은 애매합니다. 뜻이야 짐작할 수 있지만 구체적으로 어떻게 해야 하는지 감이 잘 잡히지 않으니 마치 구름을 잡는 것 같지요.
 그러나 손을 드십시오. 박수를 치십시오. 눈을 크게 뜨십시오. 하는 말은 쉽습니다. 의미도 이해도 명백하지요.

 영혼의 훈련도 그런 의미로 이해할 필요가 있습니다. 영혼의 움직임과 우리의 구체적인 몸이 서로 연관성을 가지고 있기 때문에 영혼에 영향을 주기 위해서 우리의 몸을 구체적으로 훈련하고 기도하고 사용할 때 그것이 영혼의 움직임에 도움이 된다는 것입니다.
 그러므로 우리는 영혼의 강건함을 위해서 구체적으로 몸을 훈련할 수 있습니다. 우리의 눈과 입과 배를 훈련할 수 있습니다.

 그 방법들은 아주 간단합니다. 그것은 하나도 어려운 방법들이 아닙니다. 그러나 우리가 구체적으로 꾸준하게 이러한 방법들을 믿음으로 사용할 때 그 효과는 놀라울 것이며 우리의 영혼을 강건케 하는 데 큰 효과를 볼 수 있을 것입니다.

2. 눈과 영적인 세계

영혼의 상태를 가장 잘 보여주는 것이 눈입니다. 누구나 눈의 상태를 보면 그 영혼의 상태를 느끼고 이해할 수 있습니다.

영혼의 껍질이 얇아서 각종 어려움에 시달리고 있는 사람들의 눈에 나타나는 특징은 무엇일까요? 그것은 그들의 눈이 아주 흐리고 약하다는 것입니다.

그들은 눈에 힘이 없습니다. 그리고 본 것을 잘 기억하지 못하며 사람을 뚜렷이 쳐다보지 못합니다. 도무지 어색해서 그렇게 하지 못하지요. 어떤 이들은 '눈썰미가 있다'는 이야기를 자주 듣습니다. 그러나 이러한 이들과는 거리가 멀지요.

한 마디로 말하자면 그들은 눈에 에너지가 모자랍니다. 그래서 눈에 총기가 없고 어눌해 보이는 측면이 있습니다. 이것이 그들의 눌리고 약하고 여린 영혼의 상태를 가장 잘 보여주고 있는 것입니다.

성경에 나타나는 대표적인 위인인 모세의 경우는 그의 눈매가 어떠했는지를 잘 보여줍니다.

"모세의 죽을 때 나이 일백 이십 세나 그 눈이 흐리지 아니하였고 기력이 쇠하지 아니하였더라" (신34:7)

모세의 눈은 그가 죽을 때까지도 흐리지 않고 강하고 선명하였습니다. 이것은 그의 강하고 충만한 영적 상태를 잘 보여주고 있는 것입니다.

그는 일생동안 활발하고 강력한 사역을 하였었습니다. 그는 혼자서 세계 최대의 강국인 바로와 그 군대들을 상대하였으며 조금도 기가 죽지 않았습니다. 또한 출애굽이후 수백만에 이르는 이스라엘 백성들이 그에게 대적하고 원망할 때도 혼자서 당당하게 그들을 제압하고 다스렸습니다. 그러한 그의 영적인 강건함의 상태가 그의 눈에 그렇게 나타나 있는 것입니다.

그는 죽을 때에도 눈이 흐리지 않았다.. 그것은 정말 놀라운 표현입니다. 누구나 나이가 들면 젊었을 때의 힘이 사라지고 눈에 힘이 사라지지요. 그러나 그는 나이가 일백 이십 세에 이르렀으나 여전히 눈의 힘이 강했습니다. 그는 아주 강력한 영혼의 파워를 소유하고 있는 지도자였습니다.

용기로 말하자면 둘째라면 서러워할 사람으로서 다윗이 있습니다.

그는 모든 이스라엘이 벌벌 떨면서 아예 싸워볼 염두도 내지 않던 골리앗과 대결하여 쓰러뜨린 사람입니다.

놀라운 것은 전혀 전투 경험이 없던 소년 다윗이 전설적인 장군 골리앗을 보고 전혀 두려워하기는 커녕 오히려 자신감이 가득해서 승리를 확신하고 분노에 찬 상태로 그에게 달려들었다는 것입니다.

그는 죽음을 각오하고 싸운 것이 아니었습니다. '내가 죽더라도 이스라엘을 위해서 싸우겠다..' 이런 것이 아니었습니다. '하나님의 군대 이스라엘이 저런 놈 하나 못 이기겠느냐. 이런 식이었지요.'

그 당시에 이스라엘에는 일찍이 하나님의 권능에 사로잡혀 암몬 사람 나하스를 깨뜨리고 길르앗 야베스 사람을 구원한 바 있었던 사울이 있었습니다. 또한 나중에 불과 부하 한 사람과 함께 불레셋 진영에 쳐들어가서 그들을 초토화시켰던 영웅 요나단이 있었습니다. 그러나 골리앗이 휩쓸고 모욕하던 당시에 그들은 조용히 침묵을 지키고 있었습니다.

그런데 다윗이 감히 겁도 없이 골리앗에게 도전했던 것입니다. 도대체 다윗의 그 용기는 어디에서 나온 것일까요?

물론 그것은 하나님의 권능이었습니다. 그런데 그렇게 용기로 충만하고 강건한 다윗의 영적 상태를 표현하는 재미있는 묘사가 있습니다.

사무엘이 이새의 집에서 처음 다윗을 만날 때 다윗에 대한 묘사가 나옵니다.

"이에 보내어 그를 데려오매 그의 빛이 붉고 눈이 빼어나고 얼굴이 아름답더라" (삼상 16:12)

다윗의 인상착의 중에서 가장 인상적인 것은 그의 펄펄 살아있는 눈이었습니다. 그것은 우연일까요? 아닙니다. 다윗의 강하고 충만하고 담대한 영혼의 상태를 잘 보여주고 있는 것입니다. 물론 그의 그러한 특성은 주님의 영의 기름 부으심을 통하여 더욱 더 강력해졌습니다.

신약에서도 주님은 눈에 대해서 말씀하십니다.

"눈은 몸의 등불이니 그러므로 네 눈이 성하면 온몸이 밝을 것이요 눈이 나쁘면 온몸이 어두울 것이니 그러므로 네게 있는 빛이 어두우면 그 어두움이 얼마나 하겠느뇨" (마 6:22,23)

이상과 같은 성경의 언급을 보면 사람의 영적인 상태와 눈의 관계는 떼어놓을 수 없는 관련성을 가지고 있는 것을 알 수 있습니다.

사람의 눈을 보고 있으면 그가 현실에 집중하고 있는지, 아니면 공상이나 다른 생각에 잠겨있는지 알 수 있습니다.

교사가 교실에서 학생들을 가르치고 있습니다. 그는 학생들의 눈을 보면 선생님의 이야기에 집중을 하고 잘 듣고 있는지 아니면 다른 공상에 빠져있는지 알 수 있습니다. 그것은 눈이 현실의 생각에서 마음 속의 다른 곳으로 이탈할 때에 눈에 그 특징이 나타나기 때문입니다.

눈에 초점이 없고 멍한 상태가 있지요. 이러한 눈의 상태가 영의 껍질이 얇은 사람들의 눈의 모습입니다. 즉 그들은 눈이 수시로 현실을 벗어나 어떤 다른 생각에 잠기는 경향이 있으며 그러므로 현실의 인식이나 감각이 떨어지는 경향이 많이 있는 것이지요.

이렇게 눈이 멍한 상태 – 그것은 현실에 대한 인식이 떨어져 있는 상태입니다. 이러한 상태는 왜 오는 것일까요? 그것은 눈에 힘이 없기 때문입니다. 눈에 힘이 없어서 현실적인 인식이나 파악이 힘들어서 자꾸 혼자만의 영계, 즉 공상의 세계 속으로 들어가는 것이지요.

영계라고 하면 아주 신비한 세계라고 생각하지만 사실 현실에 대한 인식을 벗어나서 혼자 만의 생각과 상상에 빠지는 것은 곧 어떤 영계에 들어가는 것입니다.

그래서 영적 세계에서 어떤 생각이나 느낌을 수신하게 되는 것이지요. 영계란 멀리 있는 것이 아니라 물질계, 현실 세계에서 벗어나면 곧 영계인 것입니다. 영계는 동전의 양면과 같이 현실계와 같이 있는 것이지요.

 영이 약하고 영혼의 껍질이 얇은 이들은 눈에 힘이 없습니다. 그래서 수시로 생각이 현실에서 이탈하여 영계로 들어갑니다. 이들은 수시로 공상에 잠기는 성향이 있습니다. 예를 들면 따분한 책을 봐야하는 학생들이라면 공부를 하는 중에 수시로 어느 덧 공상에 빠지게 되는 것입니다. 따라서 집중력이 모자라므로 공부를 잘 하기는 어렵게 됩니다.

 눈에 힘이 없는 사람은 생각을 통제할 수가 없습니다. 의식이 눈을 통제할 수 있을 때 머리에 들어오는 생각을 관리하고 다스리는 것인데 눈에 에너지가 없으니까 생각이 언제 어디서 들어오는지 나가는지 모릅니다. 그러니 이들은 다양한 잡념에 사로잡히게 되는 것입니다.
 이들이 묵상 기도를 하게 되면 졸거나 아니면 많은 잡념에 사로잡혀 기도를 하는지 뭘 하는지 모르게 됩니다. 그것도 다 눈에 힘이 없기 때문에 생각과 마음을 관리할 수 없기 때문입니다.
 이렇게 눈에 힘이 없으면 집중력이 떨어져서 모든 이해와 파악이 느리게 됩니다. 남들이 한번 듣고 아는 것도 여러 번 들어야 하지요. 본 것도 잘 기억하지 못합니다.
 또한 눈에 힘이 없으니 잠도 많이 자게 됩니다. 자고 나도 늘 피곤하지요. 눈에 힘이 없으면 깊은 잠을 잘 수 없기 때문입니다.

설교를 듣거나 강의를 들을 때 맡아놓고 조는 사람들도 다 눈에 힘이 없는 사람들입니다. 그들은 집중력이 약하기 때문에 무엇이든 오래 버티지 못합니다. 그래서 조금만 따분한 이야기가 나오면 생각이 다른 곳으로 가 버리지요. 그러다가 졸거나 자게 됩니다.
　눈에 힘이 없는 사람은 논리 능력이 약합니다. 그래서 남의 말에 잘 빠지고 설득과 세뇌가 잘 되는 편입니다. 그러니 대인관계에서도 항상 남에게 제압이 될 수밖에 없는 것입니다.

　사람이 잠을 자는 것은 우리의 현재 의식이 활동을 멈추고 영적인 세계로 들어가는 것입니다. 그런데 사람이 잠을 자느냐 깨어 있느냐 하는 것은 눈의 상태에 달려 있습니다. 눈을 또렷이 뜨고 잠을 자는 사람은 없지요. 그러므로 눈에 힘이 없는 사람은 잠이 많을 수 밖에 없습니다. 그러므로 현실 세계에서보다 영계, 공상의 세계에서 많은 시간들을 보내게 됩니다.
　이들은 현실 세계보다 내면의 세계, 영계의 세계에 더 민감하게 반응합니다. 그러나 현실에서는 무기력하고 약합니다.

　어쩌면 공상이나 자기만의 생각에 빠지는 것이 영계에 들어가는 것이라는 이야기가 납득이 가지 않을지도 모르겠습니다. 그러나 그것은 사실입니다. 우리는 항상 영계의 영향을 받고 있으며 거기에서 생각을 수신하게 됩니다. 미움이든 사랑이든 분노든 즐거움이든 그것은 다 영적인 세계에서 오는 것이며 우리의 의식이 그것을 수신하는 것입니다.
　낮은 영계에서는 낮은 차원의 생각과 감정이 오며 높은 영계에서는 높은 차원의 생각과 감정이 옵니다. 그것은 각 사람의 의식의 수

준이 발달된 만큼 비슷한 영계가 그에게 영향을 줍니다. 예를 들어서 의식의 수준이 아주 낮고 이기적이고 본능적으로 사는 사람들은 역시 그러한 낮은 영계에서 오는 생각과 감정만을 수신하게 됩니다. 그러므로 그들은 평생을 낮은 의식 수준에서 살게 되는 것이지요. 그러므로 영적 성장은 곧 그러한 의식의 수준과 차원이 바뀌는 것이라고도 할 수 있는 것입니다.

 어쩌면 눈에 힘이 없는 사람은 현실 세계보다 쉽게 공상에 빠지고 잠을 많이 자고 해서 영계와 접촉하므로 더 영혼이 발전하지 않을까 생각이 들지도 모르겠습니다.
 그러나 그것은 그렇지 않습니다. 의식이 무기력하고 눈에 힘이 없어서 자신의 의사와 상관없이 들어가는 영계는 아주 낮은 영계입니다. 그러한 곳에서는 아무리 오래 머물러 있어봤자 영혼이 발전하지 않습니다. 오히려 그 영혼이 더 눌릴 뿐입니다.

 주님 앞에 나와서 깊은 기도와 찬양으로 아주 맑은 영적 상태를 유지한 채로 잠을 자게 되면 잠이 아주 개운하고 맑습니다. 그리고 꿈을 꾸어도 아주 행복하고 달콤한 꿈을 꾸게 되지요. 꿈에서 주님을 만나기도 하고 밝고 아름다운 곳을 걸어다니기도 합니다. 그것은 그의 고양된 영혼이 잠을 자는 동안 천국의 영계를 거닐다 왔기 때문입니다.
 그러나 괴기 영화나 살인 폭력 영화와 같은 것을 시청하다가 잠이 들면 꿈자리도 사납고 뒤숭숭하며 아침에 깨도 머리가 아프고 피곤합니다. 그것은 그의 어둡고 더러워진 영혼이 잠을 자는 동안 더럽고 낮은 영계를 방문했기 때문입니다. 이처럼 사람들은 인식하지 못하지만 우리는 항상 영적 세계와 교통을 하면서 살고 있는 것입니다.

 악하고 영혼이 나쁘고 어두운 사람을 만나고 나면 머리가 아프고 가슴이 답답한 것도 그들이 속한 낮고 어두운 영계를 같이 접촉했기 때문이지요. 그들과 같이 오랜 시간을 보내게 되면 우리의 영혼이 어둡고 망가지는 것은 당연한 일입니다.

 눈은 현실계와 영적인 세계의 입구와 같은 것입니다. 눈이 흐리멍덩한 사람은 영계의 입구를 제대로 지키지 못하는 것입니다.
 눈이 마음과 영혼을 지키는 입구라는 것을 꼭 기억해 두십시오. 그러므로 눈의 힘이 없고 여기 저기 두리번거리며 한 곳을 응시하지 못하고 눈이 방황하는 사람은 영혼이 방황하는 것과 같은 것입니다.

 눈의 힘이 부족하다는 것은 많은 재앙의 시작이라는 것을 반드시 기억하시기를 바랍니다. 그러므로 눈을 강화시키고 눈에 힘을 기르는 것이 영혼의 자유함으로 가는 아주 중요한 요소라는 것을 꼭 인식하시기를 바랍니다.
 이것을 충분히 인식하였으면 이제 구체적으로 눈을 사용하는 방법과 눈을 통한 기도와 훈련을 실습할 수 있을 것입니다.

3. 눈의 사용에 대하여

눈은 영혼의 입구이며 창문입니다. 그러므로 눈을 잘 관리하고 사용하는 것은 영혼을 보호하고 지키기 위하여 매우 중요합니다.

눈을 사용하는 습관은 그 사람의 영적인 수준이나 상태와 밀접한 관련이 있습니다. 예를 들어서 눈이 한 곳에 정착하지 않고 이리저리 방황하는 사람이 있습니다. 그것은 그 사람의 불안한 영혼과 마음의 상태를 보여주는 것입니다.

아무 생각 없이 눈을 여기 저기 쳐다보는 사람은 이미 그의 영혼을 제대로 지키지 못하고 있는 것입니다. 강아지는 주인이 물건을 던지면 본능적으로 그것을 보고 달려갑니다. 이와 같이 눈이 본능을 따라 제 멋대로 움직이고 있다면 그것은 훈련된 영성이 아닙니다.

눈을 지키지 못하는 사람은 생각을 통제할 수 없습니다. 그의 방황하는 눈과 같이 그의 마음과 생각과 감정은 여기 저기 방황하고 있을 것입니다.

눈이 한 곳을 보거나 사람을 쳐다볼 때 정면으로 보지 못하고 흘끗흘끗 훔쳐보듯이 보는 사람이 있습니다. 물론 그것은 정신의 상태가 바르지 않고 나약하고 비겁한 것입니다. 그것은 그의 당당하지 못한 영혼의 상태를 잘 보여주고 있는 것입니다.

우리 집의 거실에는 예수님이 사마리아 여인과 대화를 하고 있는 성화액자가 걸려 있습니다. 나는 이 그림을 보면서 묵상하는 것을 좋아합니다.

어떤 화가가 그렸는지 모르지만 사마리아 여인과 대화를 하시며 여인을 바라보시는 주님의 눈은 아주 부드럽고 선명하게 그려져 있습니다. 그것은 따뜻하면서도 분명하고 잔잔한 분위기입니다.

나는 실제로 예수님의 눈이 그처럼 부드럽고 잔잔하며 견고하고 안정된 모습을 보여줄 것이라고 생각합니다. 주님의 눈은 그 눈을 보는 모든 이들에게 잔잔한 평화와 기쁨을 주었을 것입니다.

그리스도인들은 모두 주님을 안에 모시고 있습니다. 우리는 작은 그리스도이며 그리스도를 따르고 사람들에게 그리스도를 보여주는 사람들입니다.

그러므로 우리의 눈은 우리가 사물이나 사람을 보는 것이 아니라 주님이 우리를 통해서 사물이나 사람들을 바라보시도록 해야 할 것입니다. 그렇게 될 때 사람들은 우리의 모습에서 우리의 눈에서 그리스도를 발견하게 될 것입니다.

그리스도인들의 눈은 훈련되어야 합니다. 주님이 사용하시는 도구가 되어야 합니다. 그저 잔잔하게 바라보고 있는 것만으로 사람들에게 주님을 보여주어야 하는 것입니다.

그러므로 우리의 눈이 함부로 즐거움과 재미를 따라 사용되어서는 안 됩니다. 주님이 보시는 것처럼 부드럽고 잔잔하며 안정되고 자연스럽게 눈을 사용해야 합니다.

나는 영적인 사역을 하면서 사람들에게 붙어 있는 귀신들을 많이 쫓아 내었습니다. 그런데 사람들에게 붙어 있는 귀신들이 나가면서 발악을 하고 소리를 지르면서 나가는 사람들의 공통점이 있었습니다.

그들은 축사 사역을 할 때 나를 똑바로 쳐다보지 못했습니다. 아니, 그들은 평소에도 눈이 한 곳을 제대로 응시하지 못하고 여기 저기 방황하고 있었습니다. 그처럼 눈의 방황은 영적인 어둠의 영들과 많이 관련이 되어 있는 것입니다.

지금은 영상 시대입니다. 여기 저기에서 우리의 눈을 빼앗아가려고 하는 매체는 엄청나게 많습니다. 이 시대의 영성이 너무 낮은 차원에 머물러 있으며 사람들의 영혼의 거의 개발되지 않고 육체의 본능의 수준에 머물러 있는 가장 큰 이유가 바로 이 영상 매체 때문입니다.
즉 사람들이 그들의 눈을 지키지 못하고 있기 때문에 온갖 세상의 더럽고 악하고 혼란스러운 영들이 눈을 통하여 사람들의 영혼 안에 들어가 그들의 영을 혼미케 하고 마비시키고 있는 것입니다.

영혼이 얇은 사람들의 눈은 아주 약합니다. 그들의 또 하나의 특징은 보는 것을 아주 좋아한다는 것입니다. 물론 보는 것을 좋아하는 것 자체가 영이 눌려 있다고 할 수는 없지만 대체로 그것은 영이 눌린 사람들의 보편적인 현상입니다.

눌린 이들이 보는 것을 좋아하는 이유는 그들의 눈에 에너지가 모자라기 때문에 힘이 없고 또 그렇기 때문에 그 에너지의 보충을 위하여 눈이 무엇이든지 받아들이려고 하기 때문입니다.
물론 그렇게 들어온 세상의 에너지는 더욱 더 영혼을 질식시키고 억누르게 됩니다. 보는 것에 대한 더 심한 중독을 일으키는 것이지요.

시선을 빼앗겼기 때문에 마음도 빼앗겼고 결국은 목숨을 잃게 된 사람이 삼손입니다. 모세의 사역이 죽을 때까지 눈이 흐리지 않게 지켰던 성공적인 사역이었다면 삼손은 강력한 힘과 권능을 받았으나 그의 눈을 지키지 못해서 패배한 사역이었다고 할 수 있습니다.

그의 눈은 줄곧 들릴라의 아름다운 외모에 빠져있었고 결국 그의 눈은 뽑혀지고 말았던 것입니다. 이것은 오늘날의 그리스도인들이 삼손과 같이 눈이 뽑혀져서 영적인 능력과 분별을 잃어버리고 악한 영들에게 눌려 있는 모습을 예표적으로 보여주고 있는 것입니다.

그리스도인들은 눈을 잘 사용해야 합니다. 눈을 통해서 악한 기운이 들어오지 않도록 잘 지켜야 하며 눈을 사용하는 자세도 자연스럽고 부드럽고 편안하게 해야 합니다.

어느 한 곳을 보더라도 함부로 보지 말고 마음을 실어서 그 곳을 응시하면서 부드럽게 바라보아야 합니다. 눈은 한 곳을 바라보고 있으나 마음은 다른 생각에 빠져 있는 습관은 좋은 것이 아닙니다. 그것은 우리의 영혼과 육체의 상호 교류를 망가뜨리는 것입니다.

사람들은 흔히 그저 눈을 뜨고 있을 뿐 마음을 실어서 무엇을 보지는 않습니다. 그것은 눈의 기능을 약화시키는 것입니다. 그러므로 우리는 하나의 훈련으로서 구체적으로 사물을 살피고 사람들을 보는 훈련이 필요합니다.

나는 집회에서 사람들에게 영성에 대하여 가르칠 때 사람들이 눈을 초롱초롱 빛나게 뜨고 한 마디도 놓치지 않으려고 뚫어지게 보는 것을 보고 놀랐던 적이 있었습니다. 그러한 이들은 영성의 관리를 어느 정도 잘 한 사람들입니다.

그러나 일상의 삶에서 어딘가 쳐다보기는 하지만 눈에 초점이 부족한 이들은 많이 있습니다. 그들은 누가 말해도 건성으로 쳐다보고 건성으로 듣습니다.

그들은 많은 대화 후에도 많은 것을 기억하지 못하며 상대방의 마음도 느끼지 못합니다. 그것은 그의 영혼이 어둡고 나태한 것을 보여주는 것입니다.

집회나 강의 중에 자주 조는 사람이 있습니다. 이것은 단순히 피곤하기 때문만은 아니며 그 영혼이 어둡고 무기력한 것을 나타내고 있는 것입니다.

사람을 볼 때 성급하게 함부로 쳐다보고 시선을 곧 돌리는 것은 그 영혼의 경솔함과 사려 깊지 못함, 어지러움을 보여주는 것입니다.

우리는 언어를 함부로 던지는 것만큼이나 시선을 함부로 움직이는 것이 우리의 영혼을 어지럽게 한다는 것을 인식해야 합니다.

이러한 내용은 어쩌면 지나치게 부담이 되고 무겁게 느껴질지도 모르겠습니다. 그러나 그렇게 자연스럽고 아름다운 눈의 사용이 우리의 영혼을 풀어주며 자연스럽게 활동할 수 있게 한다는 것을 기억해야 합니다.

다른 모든 지체가 그렇지만 눈도 역시 주님의 소유입니다. 그것은 우리 것이 아니고 주님의 것입니다.

그러므로 주님이 편안하게 사용하시도록 주님께 의탁해야 합니다. 주님이 보시듯이 마음과 영혼을 실어서 눈을 잘 사용할 수 있을 때 우리의 영혼은 잔잔해지며 풍성한 자유를 향하여 나아가게 될 것입니다.

4. 눈의 기도와 훈련

눈에 힘이 없는 사람은 무기력하고 아무 의욕이 없으며 모든 것을 힘들어하고 귀찮게 여깁니다. 그러므로 눈의 힘을 회복하는 것은 곧 영혼의 회복이며 생기의 회복이며 활동적이고 충만한 삶의 회복이 되는 것입니다. 눈의 회복과 강건함을 위한 기도와 훈련으로서는 다음과 같은 여러 가지의 방법들이 있습니다.

눈을 크게 뜨고 응시하기

이것은 평소보다 눈을 더 크게 뜨고 한 점을 응시하는 훈련입니다. 될 수 있는 한 크게 뜨는 것이 좋지만 힘이 든다면 너무 크게 뜨지 않아도 좋습니다. 아무튼 평소보다는 크게 떠야 합니다.

그 상태에서 가능하면 눈에 힘을 줍니다. 눈에 힘을 주는 것은 어려울 수도 있습니다. 만약 힘이 들면 단순히 크게 뜨는 것만으로도 어느 정도 효과를 볼 수 있습니다.

눈을 크게 뜨는 것은 여러 의미가 있습니다. 대체로 사람들은 어떤 충격을 받으면 눈을 작게 뜨게 됩니다. 그것은 일종의 방어작용이지요. 그러나 그것이 반복되면서 점차 눈이 작아지게 됩니다. 그것은 충분한 빛을 받는 데 방해되며 또한 영적인 위축과도 관련이 있는 것입니다. 그러므로 눈을 크게 뜰 때 그것은 하나의 영적 해방을 일으키는 촉매가 됩니다.

눈에 힘을 주는 것은 그의 영혼에 힘을 주는 것과 같습니다. 그것은 잠자고 졸고 있는 영혼을 깨우는 것입니다. 그것은 영혼을 신선하게 합니다.

눈으로 한 점을 응시하는 것은 혼란스럽고 방황하는 영혼의 힘을 집중시키는 것입니다. 한 점을 뚜렷이 응시하게 되면 집중력이 생기고 생각과 마음이 이리 저리 여기 저기 방황하며 혼란스러운 데에서 많이 자유로워지게 됩니다. 잡념에서도 벗어나게 되지요.

기독교 역사의 몇 천년 동안 영성을 훈련하는 많은 사람들이 침묵기도, 명상 기도를 훈련하면서 끝도 없이 떠오르는 잡념을 이기려고 노력했습니다. 그러나 성공하는 사람은 거의 없었지요. 그만큼 생각을 다루는 것이 쉽지 않기 때문입니다.

그러나 그러한 실패들은 영혼과 몸과의 연관성에 주의하지 않았기 때문입니다. 머리의 근육을 훈련하고 눈의 근육을 어느 정도 훈련하게 되면 생각을 하고 멈추고 하는 것은 자유자재로 할 수 있게 되는 것입니다. 그것은 몸도 영혼의 지배를 받지만 영혼도 몸의 상태에 의해서 영향을 받기 때문입니다.

눈을 크게 뜨고 힘을 준 상태에서 한 점을 계속 응시하십시오. 그리고 눈이 아프더라도 깜박거리지 마십시오.

눈을 습관적으로 자주 깜박거리는 사람이 있는 데 그것은 불안한 영혼의 특성입니다. 그러므로 깜박거리는 것을 절제하는 것을 통해서도 영혼이 안정되고 강건해질 수 있습니다. 그런 상태에서 1,2분 정도 있으면 눈이 시렵게 느껴지며 눈물이 나오게 됩니다. 그 때 그 눈물이 그대로 밖으로 흘러나가도록 내버려두십시오. 그것은 일종의 정화과정입니다.

눈을 통해서 악하고 더럽고 나쁜 기운들이 당신의 영혼에 많이 침입해 들어와 있다는 것을 기억하십시오. 그러므로 이러한 훈련을 통해서 그렇게 들어온 나쁜 기운들이 밖으로 빠져나가게 되는 것입니다.

이것은 악한 영들을 대적하면서 기도하는 자세로 훈련을 하면 더 효과적입니다. 한 곳을 응시하면서 주님께서 당신의 눈을 정화시켜 달라고 마음 속으로 기도하십시오. 또한 악한 영들에게 이렇게 외치십시오.

"내 안에 있는, 눈을 통해서 들어온 모든 악한 영들, 나쁜 기운들아. 주 예수의 이름으로 내 눈에서 나가라!"

대체로 그러한 기도를 하면서 명령을 하면 눈에 전율과 진동과 같은 것이 느껴집니다. 어떤 나쁜 기운이 눈에서 떨어져 나가는 것이 느껴지는 것이 보통입니다. 우리의 눈은 그만큼 악한 기운들이 많이 들어오는 통로가 되었으니까요.

처음에는 눈을 크게 뜨고 있거나 눈에 힘을 주는 것이 몹시 힘들고 어려울 것입니다. 그러나 어느 정도 기도와 훈련을 하고 나면 눈을 오래 뜨고 있어도 거의 힘들지 않습니다. 그 뿐만 아니라 눈이 시원해지며 눈에서 힘이 나오는 것이 느껴지게 됩니다.

영이 눌린 사람은 눈에 빛이 없고 생기와 힘이 없지요. 그러므로 눈에 힘이 들어오기 시작하는 것은 그의 영혼의 회복이 이루어지고 있는 것을 나타내는 것입니다.

이 응시하는 훈련과 기도는 거울 앞에서 거울을 보면서 하는 것도 효과적입니다. 자신의 눈을 보고 있으면 차츰 자신의 안에 있는 영적인 기운을 느끼게 되며 어느 정도 진전이 되면 영이 나쁠 때는 단순히 쳐다보기만 해도 나쁜 기운이 전율과 진동과 함께 빠져나가는 것을 느끼게 됩니다.

이 훈련과 기도의 목적은 눈의 정화입니다. 눈을 통해서 들어온 나쁜 기운을 밖으로 내보내고 눈의 힘을 찾는 것이지요. 눈은 바깥에서 나쁜 것들을 받아들이는 만큼 약해지게 됩니다.
그러므로 이 기도에는 초기에 많은 눈물이 흐르게 됩니다. 성경을 읽거나 독서를 하는 중에도 이러한 훈련을 할 수 있습니다. 즉 눈을 크게 뜨고 힘을 준 상태에서 깜박이지 않고 책을 읽는 것이지요. 이것도 역시 어느 정도 하고 나면 눈이 시원해지며 힘이 생기게 됩니다.

이 훈련의 시간에 대해서는 자신이 힘들지 않는 한도 내에서 하면 됩니다. 10분에서 20분 정도를 자주 하는 것이 좋지 않을까 싶습니다.
처음에는 많은 눈물이 나오게 되며 정화가 이루어집니다. 그러나 조금 시간이 지나면 눈을 오래 뜨고 있어도 별로 눈물이 나오지 않습니다. 그럴 때 억지로 눈물을 더 빼내려고 할 필요는 없습니다. 이미 눈의 힘이 많이 강해졌기 때문입니다.

이 훈련을 마친 후에는 눈이 너무 건조해지지 않게 여러 번 깜박거리는 것이 좋습니다.

이것은 아주 간단한 훈련이며 어디서나 할 수 있는 방법입니다. 그러나 이 간단한 훈련을 통해서 당신은 놀라운 변화와 자유를 경험하기 시작할 것입니다.

빛을 상상하기

눈에는 빛이 필요합니다. 주님도 눈이 나쁘면 온 몸이 어둡다고 하셨습니다. 눈은 본능적으로 밝은 빛에 끌립니다. 나방들이 빛을 보면 가까이 가듯이 사람들은 빛에 끌리게 됩니다. 사람들은 밝고 찬란한 색깔의 빛을 보면 마음이 유쾌해집니다. 반면에 어둡고 침침한 곳에서는 마음이 우울해집니다.

사람들이 영화나 드라마에 끌리는 것은 거기에서 나오는 밝은 색상의 빛의 영향이기도 합니다. 쇼핑센터에서도 밝은 빛의 불을 켜서 사람들의 눈을 끌어 당기려고 합니다.

이와 같이 사람들이 빛에 끌리는 것은 눈에 빛이 필요하기 때문입니다. 눈에 빛이 없으면 피곤하고 우울하고 힘들어지기 때문에 눈은 빛이 있는 곳을 따라갑니다.

그러나 세상의 모든 빛들은 유한하며 일시적인 빛일 뿐입니다. 그러므로 그러한 빛들은 잠시 눈에 즐거움을 주지만 결국은 더 깊은 영혼의 갈증을 일으킵니다. 참된 빛은 오직 주님밖에는 없습니다.

요한복음은 주님을 세상을 비추는 참 빛이라고 묘사하였습니다.

(요1:9) 그리고 요한은 빛이 아니며 이 빛을 증거하러 온 사람이라는 말을 덧붙였습니다. (요 1:9)

  주님이 빛이시라는 것은 단순히 상징적인 표현이 아닙니다. 실제로 영안이 열리고 영의 기능이 발달하여 주님의 모습을 친히 본 사람들은 주님이 빛의 형상을 가지고 있다고 간증합니다.
  요한도 계시록에서 부활하신 주님의 모습을 보고 그 얼굴이 해가 힘있게 비취는 것 같다고 묘사하였습니다. (계 1:16) 요한일서에도 하나님은 빛이시며 그에게는 어두움이 조금도 없으시다고 기록하였습니다. (요일 1:5) 그것은 상징적인 표현이 아니며 실제입니다.

  사람들이 세상의 빛에 눈을 빼앗기는 이유는 무엇일까요? 그것은 빛 되신 주님을 충분히 맛보고 경험하지 않았기 때문입니다.
  사마리아 여인에게 주님은 말씀하시기를 이 물을 먹는 자마다 다시 목마르지만 내가 주는 물을 먹는 자는 다시 목마르지 않을 것이라고 하셨습니다. (요 4:14) 주님의 생수를 먹고 마시는 자들은 세상의 물에 대하여 목마르지 않으며 주님의 빛을 경험한 자들은 세상의 빛에 대하여 끌려가지 않게 되는 것입니다.

  우리의 눈은 빛을 필요로 합니다. 그러나 그 빛은 세상에서 나오는 빛이 아닌 주님의 빛, 천국의 빛입니다. 그 빛을 우리가 경험하게 될 때 우리의 눈은 신선해지며 영혼도 밝아지게 됩니다.

  우리는 마음의 눈을 통하여 주님을 바라볼 수 있습니다. 또한 마음의 눈과 상상을 통하여 빛을 바라보고 묵상할 수 있습니다.

이것은 상상의 기도입니다. 그러나 상상은 영적인 세계에서 곧 실제라는 것을 기억해두시기를 바랍니다.
  어떤 이가 상상을 통해서 즐기고 죄를 짓는 다면 그의 영혼은 즉시로 어두워지게 됩니다. 그것은 실제의 죄는 아니기 때문에 세상에서는 감옥에 가지 않겠지만 영계에서는 어두운 곳으로 바로 떨어지게 됩니다. 즉 마음이 우울해지고 순결한 기도의 세계, 주님의 세계로 나아갈 수 없게 되는 것이지요. 그것이 바로 영계의 감옥에 떨어지는 것입니다.

  주님께서는 여자를 보고 음욕을 품는 것은 마음에 이미 간음한 것이라고 가르치셨습니다. (마 5:28)
  상상은 실제입니다. 그 상상의 내용에 따라 우리의 현실에서의 위치나 지위는 영향을 받지 않겠지만 영계에서는 바로 영향을 받게 됩니다. 즉 빛의 세계로 올라가게 되기도 하고 어둠의 영역으로 떨어지게 되기도 하는 것입니다.

누운 상태에서 눈을 감고 이 훈련을 하십시오. 이것은 훈련이면서 기도입니다.
다만, 이 기도를 하는 이들은 분명하게 거듭난 사람이며, 주님을 인격적으로 만난 사람이어야 합니다. 주님을 모르는 사람이 단순히 호기심으로 어떤 영적 능력을 얻기 위해서 이 훈련을 한다면, 그것은 바람직하지 않으며 안전하지 않습니다.

  눈을 감은 채로 주님을 부르십시오. 그리고 천국의 빛을 상상하십시오. 천국에서는 해나 달의 비침이 쓸데 없으며 하나님의 영광이

비취고 어린 양이 그 등불이 되시며 만국이 그 빛 가운데로 다닌다고 하였습니다. (계21:23-24)

그 천계의 빛을 조용히 상상하며 그 빛이 당신에게 임하기를 기도하십시오.

이 훈련과 기도는 어두운 곳에서 하는 것이 좋습니다. 밝은 곳에서는 어울리지 않을 것입니다. 일반적으로, 기도는 밝은 곳보다 어두운 곳에서 좀 더 몰입이 되고 영적으로 예민해집니다.
밤에 기도를 마친 후, 잠자리에 들면서 하는 것이 좋을 것입니다. 기도를 드리면서 잠이 드는 것은 아주 좋은 습관입니다.

우리가 느낄 수 있던 없던 주님은 바로 빛 자체이십니다. 그러므로 우리가 주의 이름을 부르며 구할 때 특별히 막혀있는 죄가 없는 한, 그 빛과 은혜가 그 사람을 덮게 됩니다. 그것은 실제입니다. 그러나 우리가 일상의 일에 몰두하고 있을 때는 그 내적인 빛을 잘 감지할 수 없을 것입니다.

우리가 집회에서 은혜와 감동, 깨달음을 얻고 있는 것은, 천국의 빛이 우리에게 임하고 있는 상태입니다. 하지만 우리는 평안함이나 따뜻함을 느끼기는 하지만 그 빛을 감지하지는 못할 것입니다. 그러나 조용히 우리의 침상에 누워서 잔잔한 마음으로 주를 부르며 주님의 빛, 천국의 빛을 구할 때 우리는 그 빛의 느낌을 감지할 수 있습니다.

빛을 묵상하면서 우리의 마음은 점점 더 밝고 행복하고 따뜻해지게 됩니다. 우리의 의식은 더 맑아지며 주님의 은혜를 누리게 됩니다.

기름부음을 구하기

 조용히 누워서 눈에 주님의 기름 부으심이 임하도록 기도한 후에 주님의 임하심을 기다리십시오. 주님께서 당신의 눈을 만지시기를 기대하십시오.

 주님은 항상 그 분의 임재를 구하고 기다리는 자에게 임하십니다. 그러므로 당신에게 특별한 문제가 있지 않는 한 주님께서 당신의 눈을 만지시고 당신은 그것을 감지할 수 있을 것입니다.
 '특별한 문제가 없지 않는 한' 이렇게 말한 것은 눈을 통하여 죄를 지었다든지 하여 마음이 불편할 때는 그것이 주님의 임하심을 방해할 수 있기 때문입니다. 그러므로 이런 경우에 주님께 고백을 드리고 용서를 구한 후에 기도를 드리는 것이 좋을 것입니다.

 눈에 기름 부으심을 요청하고 나서 조금 기다리고 있으면 당신은 눈에 어떤 변화를 느낄 수 있을 것입니다. 그 변화는 미미한 것일 수도 있습니다. 눈이란 원래 민감한 부분이기 때문에 아주 강력한 느낌이 오는 것은 아닙니다.
 어느 정도의 압력감이 올 수도 있습니다. 이것은 가장 보편적인 것입니다. 묵직하게 눈을 누르는 것 같은 느낌이 들기도 합니다. 조금 더 있으면 마치 눈이 붙어버린 것 같은 느낌이 들기도 합니다. 이것은 눈에 안정감을 줍니다.
 눈이 붙어버린 것은 어떤 영적인 작용이 일어나고 있는 것을 보여주는 것입니다. 주님의 임재가 강력하게 임하거나 강력한 예언이 나올 때 눈이 딱 달라붙어 버리는 것은 흔히 일어나는 현상입니다. 이러한 상태에서 겉 사람의 의식은 조용해지고 영적인 변화가 일어나게 됩니다.

조금 전에 이야기했듯이 눈이 사방팔방으로 돌아다니는 것은 눈이 지나치게 가볍고 안정감이 없기 때문입니다. 그러나 눈에 기름부음과 묵직함과 힘을 경험하게 되면 눈이 강건해지며 안정감을 갖게 됩니다.

주님이 계속 임하시고 당신의 눈을 만지신다면 당신은 눈에 아주 부드럽고 편안한 느낌이 오는 것을 경험하게 될 것입니다. 그것은 눈에 아주 감미로운 휴식과 기쁨을 주게 됩니다.

이렇게 기도하면서 잠이 들 수도 있습니다. 그러나 그것은 상관없는 일입니다. 그렇게 기도 속에서 잠을 자는 것은 아주 달콤한 일이고 아침에 일어나면 몸도 가볍고 마음도 즐거우니까요.

주님의 기름 부으심이 눈에 임하도록 구하고 기다리는 것은 참으로 좋은 기도입니다. 이것에 우리가 익숙해진다면 우리는 많은 유익을 얻게 될 것입니다.

눈을 감은 채 응시하기

이 훈련도 밤에 잠을 자기 직전에 하는 것이 좋습니다. 물론 옆에 누군가가 같이 있으면 조금 방해가 되겠지요. 주위의 상황에 얽매이지 않고 기도와 훈련에 집중할 수 있어야 합니다.

눈을 감은 채로 마음의 눈으로 응시합니다. 눈꺼풀이나 눈앞을 바라본다는 마음으로 하는 것이 좋겠지요.

이것은 직접적으로 눈의 강화를 위한 훈련은 아닙니다. 그러나 이것도 정화와 관련이 있으므로 간접적으로 도움이 될 것입니다.

눈을 감으면 아무 것도 보이지 않을 텐데 무엇을 응시하라는 말인가 생각하는 분도 있을 것입니다. 그러나 사람에게는 눈을 감고도 볼 수 있는 기능이 있습니다.
누구나 잠을 자면 꿈을 꿉니다. 물론 꿈을 기억하는 이들도 있고 잘 기억하지 못하는 이들도 있지만 꿈을 꾸는 것은 같습니다. 그리고 꿈을 기억하지 못하는 이들도 깨고 난 직후에는 다 기억합니다. 깨고 난 후에 이성이 활동하게 되면 그 꿈이 기억 속에 묻히게 되는 것이지요.
그런데 그렇게 꿈을 꿀 때는 우리가 다 눈을 감고 있습니다. 눈을 뜨고 꿈을 꾸는 사람은 없으니까요. 그러니 눈을 감은 상태에서도 여러 그림이나 상황을 볼 수 있는 것은 누구나 가지고 있는 기능인 것입니다.

꿈이나 환상을 통해서 무엇인가를 보는 것은 영혼의 기능입니다. 영혼의 기능은 육체의 기능과 동시에 활동하지 않습니다. 그것은 해가 있을 때는 달이 보이지 않고, 달이 있을 때는 해가 보이지 않는 것과 같습니다. 활동 영역이 서로 다르기 때문입니다.
육체 의식이 깨어있을 때는 영혼의 의식이 잠자고 있습니다. 육체 의식이 잠자고 있을 때는 영혼의 의식이 활동합니다. 그러므로 육체 의식이 깨어있을 때는 물질세계를 보지만 영의 세계는 볼 수 없습니다. 의식이 완전히 잠들었을 때는 영혼이 활동하므로 영의 세계를 인식하겠지만 물질세계를 인식할 수 없습니다.

의식이 깬 것도, 잠든 것도 아닌 반의식 상태가 있습니다. 그것이 꿈을 꾸거나 환상을 보는 상태입니다. 꿈을 꿀 때는 의식이 완전히 깬 것도 아니고 자는 것도 아닌 반만 작동하는 상태입니다.
물질세계에 몰두하고 있으면 육체의식이 활동하며 영혼의 의식은 잠잠합니다. 그러나 기도를 드리면 육체의식은 잠잠해지고 영혼의 의식이 활동하게 됩니다. 그러므로 기도에 깊이 몰입하게 되면 더러 환상을 보게 되기도 하는 것입니다.

 모든 사람이 꿈을 꿀 수 있는 것처럼 어느 정도 기도의 훈련을 통하여 환상이나 이미지도 볼 수 있습니다. 의식이 활발할 때는 아무것도 보이지 않지만 의식을 잠잠하게 하고 주를 부르며 조용히 응시를 하고 있으면 어떤 이미지나 빛을 느낄 수 있습니다.
 어떤 환상이나 이미지, 영상을 보는 것이 꼭 좋은 것이며 영적인 것이라고 단언할 수는 없습니다. 이것은 주로 기질과 관련이 있습니다. 기질적으로 단순하고 정서적인 사람들은 이런 부분이 좀 더 잘 발달하고 나타날 수 있습니다.
반대로 합리적이고 생각이 많은 이들은 이러한 환상이나 이미지를 경험하는 것이 어려운 측면이 있습니다. 이러한 이들에게는 주님께서 환상이나 이미지 대신에 깨달음이나 이해, 지혜를 통하여 메시지를 전달하십니다.

 눈을 감고 주님께 나의 영혼의 눈을 열어달라고 기도하면서 계속 눈앞을 응시하십시오. 영혼의 눈이 조금 열리게 되면 황금빛이 보이기도 하고 빛이 확산되기도 합니다. 다양한 이미지나 경치, 형상을 보기도 합니다.

빛이 점점 커지면서 빛의 안에 작은 어두운 그림자가 보일 수도 있습니다. 이 경우에는 그 어두운 그림자가 점점 더 움직이면서 여러 형상으로 변하거나 꿈과 같은 것을 꿀 수도 있습니다.

이러한 기도와 훈련 중에 잠이 들 수 있는데 그러다가 악몽을 꿀 수도 있습니다. 악몽을 꾸고 난 후에 느낌이 좋지 않으면 그 때는 대적기도와 보혈을 뿌리는 기도를 드리는 것이 좋습니다.

대개의 경우 악몽은 정화의 과정인데 그가 평소에 눈으로 악하고 나쁜 것들을 많이 받아들였기 때문입니다. 그러므로 그러한 악몽을 꾼 후에는 오히려 마음이 편안하고 개운하게 됩니다.

어느 정도 훈련이 되면 자신이 본 환상이나 꿈의 의미를 깨닫게 될 것입니다. 꿈의 의미는 욕망의 표현이나 계시 등 다양하지만 중심은 자기 영혼의 표현이며 영혼의 발전과정에서 나오는 것으로, 보통은 대부분 정화가 목적입니다.

눈을 감고 응시하면서 상상을 하는 것도 기도의 좋은 방법입니다. 평소의 상상은 자유롭게 하겠지만, 그러나 기도로서의 상상은 기도하는 마음의 자세를 가지고, 자기가 의지적으로 상상을 이끌어가는 것이 아니라 주님의 인도하심을 구하고 기다리면서 자연스럽게 어떤 이미지나 영상이 떠오르는지, 하나의 그림이나 이미지가 어떻게 변화되어 가는지 관찰하는 마음으로 보는 것입니다.

이와 같은 상상은 주님의 뜻을 구하거나 기도의 응답을 받을 필요가 있을 때 유용합니다. 예를 들어, 어떤 사람과 결혼을 하는 것이 주의 뜻인지 찾으며 기도할 때 말씀의 확증이나 마음의 감동, 환경의 인도하심 등 다른 표적 외에도, 이러한 이미지의 기도를 참고할 수도 있습니다. 어떤 이는 이 기도를 드리다가 자신과 상대방이 어떤 집에 있는 데 그 집이 무너지는 모습을 보게 되기도 했는데 그런 것이 이미지로서 오는 응답이며, 이것을 기도의 응답으로 절대화할 수는 없지만 참고할 수는 있는 것입니다.

 이러한 그림이나 환상은 아주 신령해보이지만 대부분의 사람들 안에 있는 기능입니다. 모든 사람은 하나님의 형상으로 지어졌고 그 안에 다 영혼을 가지고 있으므로 어느 정도 훈련을 하게 되면 대부분 다 어느 정도는 이러한 것들을 느끼고 볼 수 있습니다.
 주님께서는 우리의 영혼을 만드시고 우리가 영혼을 통하여 인도받으며 살도록 지으셨기 때문에 우리가 이성으로 생각하면 아무리 생각해도 알 수 없는 것들을 영혼은 쉽게 느끼고 우리에게 답을 줄 수 있는 것입니다.
 이러한 이미지를 보는 기도는 형제들의 경우는 이성이 많이 발달되어 있기 때문에 조금 어렵습니다. 그러나 자매들의 경우는 대부분 어떤 이미지를 느끼고 경험합니다. 그러므로 하나도 신령한 것이 아니고 평범하고 자연스러운 것입니다.
 다만 이것은 훈련되고 발전해가야 하기 때문에 100% 신뢰해서는 안 됩니다. 다만 참고자료로 사용하는 것이 좋을 것입니다.

 이 눈을 감고 응시하는 기도 훈련은 하면 할수록 영혼의 시각이 발전합니다. 나중에는 누구를 생각만 해도 어떤 상황을 생각만 해도 어떤 이미지가 떠오르게 됩니다. 다만 그 사람의 영혼이 맑고 아름답고 순결하고 겸손하지 않다면 어두운 영들에게 속을 수 있으니 자신을 순결하고 정화시키는 것을 게을리 하면 안 됩니다.
 이 응시를 통하여 어떤 이미지를 보면 그것이 어떤 의미인줄 모르더라도 눈이 시원해지며 영혼이 힘을 얻고 강건해집니다. 그것은 영혼의 눈을 활동시킴으로서 영혼이 움직이고 활발해졌기 때문입니다.

나의 경우도 그러한 기도를 드리면 많은 이미지와 그림을 보게 됩니다. 그러나 그 모든 것들의 의미를 다 아는 것은 아닙니다. 많은 것들이 보이기는 하지만 해석하기 어려운 것이 많지요. 그러나 그것과 상관없이 내 영혼이 고양되고 기뻐하는 것을 느낄 수 있습니다. 이것은 영혼의 상승과 움직임에 도움이 되는 것입니다.

기도하고 사모하는 마음으로 이 기도와 훈련을 시도해보십시오. 당신의 눈과 영혼에 많은 변화가 시작될 것입니다.

눈을 누르기

눈을 강화시키기 위한 여러 방법들이 있지만 이러한 것들이 복잡하다면 아주 쉬운 방법은 손가락이나 손바닥으로 눈을 가볍게 눌러주는 것입니다. 눈이 아프지 않을 정도로 힘을 주어서 눌러주면 됩니다.

눈이 너무 가벼운 상태에서 생각이 많고 생각을 통제할 수 없으며 각종 영혼의 눌림 증상이 오기 때문에 손으로 부드럽게 지속적으로 압박을 가하게 되면 눈이 안정감을 찾게 됩니다. 5분 정도 눌러주면 눈이 편안해지고 자유로워지게 됩니다. 피곤한 상태에서도 이렇게 눈을 누르면 곧 피곤이 회복되고 정신이 맑아집니다.

대체로 기도하는 자세로 손으로 눈을 누르면 영혼이 자극을 받는 과정에서 빛이 보이는 것이 보통입니다.

어린 아이들은 부모가 기도를 한 후에 손으로 눈을 눌러주면서 기도를 드리면 영안이 열리는 경우가 흔히 있습니다. 어린 아이들은 천국도 보고 지옥도 보게 되며 천사와 귀신들을 보게 됩니다.

그러나 아이들의 이야기에 너무 귀를 기울이는 것은 좋지 않습니다. 그것은 은사적인 차원이며 어린 아이들은 영혼이 발전한 것이 아니기 때문입니다. 그러므로 어른들이 잘 지도하지 않으면 영이 혼란스러워질 수 있습니다.

이 방법도 꾸준히 사용하게 되면 영혼의 강건함에 도움이 될 것입니다.

시력의 훈련

시력이 좋은 것이 반드시 영적이라고 할 수는 없을 것입니다. 시력이 좋은 사람들 가운데도 세상적이고 육적인 이들이 많이 있으며 시력이 나쁜 사람들 중에도 주님을 사랑하고 영적인 은혜의 삶을 추구하는 이들이 많이 있습니다.

시력의 저하는 자연적인 원인들, 눈을 사용하는 습관이나 육체의 기질적인 약점에 기인하는 면이 많이 있을 것입니다.

그러나 원래 약한 시력을 가지고 있다고 하더라도 눈의 적절한 기도와 훈련은 실제적인 시력의 회복에도 도움이 되는 것 같습니다.

나는 눈을 통한 기도와 영성훈련을 시도했던 이들에게서 실제로 시력이 많이 좋아졌다고 그래서 안경이 필요 없게 되었다는 이야기를 더러 들었습니다.

시력의 상태는 사람들의 영적 상태를 잘 설명해주는 면도 있습니다.

예를 들어서 젊은이들은 대체로 근시가 많습니다. 젊은이들은 대체로 생각에 있어서도 눈앞의 문제에 몰두하는 경향이 있으며 멀리 보지는 못하지요. 그런데 근시는 가까운 것은 잘 보이고 먼 곳에 있는 것은 잘 보이지 않는 증상입니다.

노인들은 반대로 원시가 많지요. 원시는 먼 것은 잘 보이지만 가까운 것은 잘 보이지 않는 증상입니다. 생각에 있어서도 노인들은 너무 멀리 보는 경향이 있습니다. 그래서 일어나지도 않을 일들을 미리 염려하고 걱정하지요. 오죽하면 노파심이라는 말도 있겠습니까. 쓸데없는 걱정이 많다는 것입니다. 젊었을 때는 이것 저것 가리지 않고 움직이지만 나이가 들면 너무 이것 저것 많이 생각하느라고 막상 가깝고 쉬운 것을 잘 보지 못하고 하지 못합니다.

이처럼 눈의 신체적인 상태는 영혼과 마음과의 관계성을 가지고 있습니다. 그러므로 영혼을 강건하게 하고 영혼의 눈을 강건하게 하기 위해서 육체의 눈을 강건하게 하는 여러 훈련들이 필요한 의미가 있는 것입니다.

이러한 훈련들을 눈의 강화를 위해서 할 수 있을 것입니다.

1) 평소에 안경을 끼던 분들은 안경을 벗고 평소라면 볼 수 없는 먼 장소의 어떤 사물을 바라봅니다. 눈을 조금 크게 뜨고 눈물이 나도록 그 곳을 자연스럽게 응시합니다.

조금 지나면 갑자기 그 부분이 선명하게 보이게 됩니다. 물론 일시적인 현상이지만 이것이 되풀이되면 시력의 회복에도 도움이 되지 않을까 싶습니다.

 2) 눈을 강하게 깜박입니다. 이것은 눈 주위의 근육을 강하게 자극하여 혈액순환이 잘 되도록 하기 위한 것입니다.

 3) 손으로 눈과 그 주위를 부드럽게 마사지합니다. 이것도 역시 혈액순환의 도움을 위한 것입니다.

 4) 눈을 크게 뜨고 좌우로 위아래로 강하게 움직입니다. 일종의 눈 체조라고 할 수 있지요. 눈의 근육을 훈련시키는 것입니다. 이것을 5분 이상 반복하면 눈의 피로가 풀리고 강건해집니다.

 5) 조금 떨어져 있는 책이나 글씨를 강하게 바라봅니다. 내 눈에서 빛이 나간다고 생각하면서 강하게 응시합니다. 점점 눈의 힘이 강해지는 것이 느껴지며 실제로 힘이 나가는 것 같이 느껴지게 됩니다.

 6) 양 손가락으로 눈의 끝을 잡고 좌우로 조금 길어지게 합니다. 눈의 수정체를 길게 하는 것이지요. 근시일 경우 수정체가 긴장해서 둥글게 된 것이 타원형으로 얇아지기 때문에 부분적으로 선명하게 보이게 됩니다. 이것도 반복할 때 눈의 긴장을 풀어주게 됩니다.

 지금까지 여러 가지 눈을 강건하게 하는 기도와 훈련에 대하여 알아보았습니다. 누구든지 이 훈련을 꾸준하게 하면 분명히 많은 변화와 자신감을 경험하게 될 것입니다.

여러 가지 훈련의 방법이 있지만 그 중에서 가장 기초가 되는 것은 눈을 크게 뜨고 힘을 주고 바라보는 것이며 이를 통하여 눈물을 빼내는 것임을 기억해두시기 바랍니다. 그것을 꾸준히 할 때 눈의 정화와 강건함이 이루어지게 됩니다.

눈에 힘을 주고 사물을 바라보며 자연스럽게 사람의 눈을 바라보십시오. 사람의 눈을 피하지 마십시오. 다른 사람의 눈을 자연스럽게 쳐다볼 수 있다면 그는 거의 치유가 된 사람입니다.

물론 다른 사람이 자신을 쳐다보는 것을 불편하게 느끼는 이들도 많이 있습니다. 그럴 경우에는 무례를 범해서는 안 되겠지요. 교회에서 흔히 예배 중에 인도자가 옆의 사람을 쳐다보면서 인사를 나누라고 하는 시간이 있는데 사실 이 시간이 곤혹스러운 사람들이 많이 있습니다. 다른 이와 눈을 마주치는 것이 쉽지 않기 때문입니다. 물론 그것은 영적인 부자유의 상태를 보여주는 것입니다.

그러나 다른 이들에게 부담이 되지 않도록 조심하면서 이와 같이 눈에 마음을 실어서 사물과 사람을 보게 될 때 마음이 아주 자유롭고 편안한 것을 느끼게 됩니다. 그것은 놀라운 해방의 시작입니다.

눈에 힘이 있는 사람은 사람을 지도할 수 있습니다. 사람은 본능적으로 눈에 힘이 있는 사람을 따라가게 되어 있으며 눈에 힘이 없고 멍해있는 눈을 가진 이들에게 매력을 느끼는 이들은 없습니다. 물론 불쌍하게 느낄 수는 있겠지요.

눈에 힘이 있는 사람은 다른 사람을 인도하며 눈에 힘이 없는 사람은 다른 사람을 따라갑니다.

어린 꼬마들도 싸움을 하는 것을 보면 싸우기 전에 눈에서 이미 승부가 가려져 있습니다. 눈에 힘이 있는 이들은 이기기 마련입니다. 눈에 힘이 없는 아이들은 덩치가 크다고 하더라도 싸움에서 져서 맞고 울게 되는 데 그것은 어른이 되어서도 마찬가지입니다. 다만 어른이기 때문에 속으로 울뿐입니다.

이런 아이들을 야단쳐서는 안 됩니다. 대체로 어느 한쪽 부모로부터 그러한 기질을 받고 태어난 것이니까요. 그러니 억지로 강하게 하려고 하면 더 눌려버리는 경향이 있습니다. 이런 아이들은 격려해 주고 눈의 훈련을 시켜서 강건한 아이로 변화시켜야 합니다.

눈에 힘이 있을 때 그 눈은 아무 것이나 함부로 쳐다보지 않습니다. 여기 저기 훔쳐보며 흘끗거리지 않습니다. 그 눈은 바르고 선명하게 볼 것만을 봅니다. 그렇게 눈에 힘이 있어서 눈을 지킬 수 있는 사람은 마음을 지킬 수 있습니다.

요셉은 보디발의 아내가 유혹했을 때 그녀를 쳐다보려고 하지 않았습니다. 그는 가까이 있지도 않고 도망쳤습니다. 그는 눈이 강한 사람이었습니다. 그러나 삼손은 막상 괴로워하면서도 도망치지 않았습니다. 들릴라가 자기의 목숨을 노리고 있다는 것을 알고 심히 괴로워하면서도 그의 눈은 그녀의 아름다움에 빠져 있었고 즐기고 있었습니다. 결국 그의 눈은 뽑히고 말았습니다.

눈에 힘이 없는 사람은 유혹을 이기지 못합니다. 쉽게 넘어가고 맙니다. 그러나 눈에 힘이 있는 사람은 생각도 강하며 유혹에도 쉽게 흔들리지 않습니다. 그러므로 모세처럼 온 세상이 그를 대적해도 눈이 흐리지 않고 힘이 넘치므로 승리로서 삶을 마치게 되는 것입니다.

2부 자유를 위한 원리와 적용

당신이 이 책을 읽으면서 어느 정도 눈 기도와 훈련을 시도하였다면 당신은 아마 많은 변화들을 경험하였을 것입니다. 불과 며칠만 하더라도 많이 자유를 얻게 되었을 것입니다. 눈에 힘이 생기고 시원하며 의지가 강해지고 자신감이 생겼으며 사람들을 대하는 것이 그리 힘들지 않게 느껴지게 되었을 것입니다.

물론 책을 읽기만 하고 훈련을 하지 않는다면 그러한 지식은 아무런 소용도 없습니다. 부디 꾸준히 훈련하여 계속 더 발전해가십시오. 우리는 더 풍성하고 아름다운 곳으로 나아갈 수 있습니다.
당신의 눈을 잘 관리하십시오. 눈은 영혼의 등불이며 영혼의 입구입니다. 누구든지 눈을 잘 관리하고 훈련하면 영혼의 힘이 강건해질 수 있습니다.

태어날 때부터 강한 심령의 사람으로 태어난 사람도 있습니다. 세례요한은 어릴 때부터 심령이 강하여졌다고 합니다. (눅 1:80)
그러나 어떤 이들은 어릴 때부터 심령이 약하여 고통을 겪습니다. 그것은 기질적인 면도 있으며 강압적인 부모에게 눌림으로 인한 환경적인 요인도 있습니다. 아무튼 현재의 상태가 어떻든지 자신이 강건한 사람으로 변화되기 원한다면 그것은 가능한 일입니다.

부디 눈을 훈련하십시오. 눈에 주님의 임재와 기름 부으심이 임하도록 기도하십시오. 주님께서는 당신의 눈과 당신의 영혼을 강건하게 해주실 것입니다.
당신은 새롭게 될 것이며 예전에 알지 못했던 해방과 자유를 경험하게 될 것입니다.

5. 배기도와 예수 호흡기도

　영혼은 곧 심장입니다. 사람의 생명과 중심은 뇌가 아니고 심장입니다. 뇌가 멈추면 뇌사상태가 되는 것이지만 완전히 죽은 것은 아닙니다. 그러나 심장이 멈추면 정말 죽은 것이지요. 몸이 서서히 썩기 시작합니다.
　사람이 상처를 받았다는 것은 머리가 상처를 받았거나 배나 눈이 상처를 받았다는 것이 아닙니다. 가슴이 상한 것이지요. 사람이 너무 괴로워서 죽고 싶다고 말할 때 그것은 눈이나 손발이 괴로운 것이 아닙니다. 가슴, 마음이 답답하고 고통스러운 것이지요.
　그처럼 사람의 중심은 심장이며 영혼이나 가슴이나 심장이나 다 같은 말입니다.

　눈은 머리와 연결되어 있습니다. 뇌에 들어가는 정보 중에서 가장 많은 부분을 차지하고 있지요. 그것은 생각과 감동과 관련을 가지고 있습니다.
　그래서 눈이 흐리고 약하면 생각이 혼란스러우며 복잡합니다. 또한 눈이 밝고 깨끗하면 생각이 밝고 맑은 것입니다. 그렇게 눈이 정화되면 머리도 정화되며 그것은 심장, 영혼을 맑고 풍성하게 합니다.
　눈과 머리는 심장의 위에 있지요. 그것은 심장의 위에서 심장을 보호하며 표현합니다.

심장의 밑에서 심장을 보호하며 표현하는 것이 바로 배입니다. 심장의 보호는 거의 배에 있다고 할 수 있습니다.
　'마음이 약하다', '심약하다'는 표현과 반대되는 표현이 있습니다. 그것은 '배짱이 좋다' '뱃심이 있다'는 표현입니다. 이것은 심령이 강하다는 것과 같은 의미를 가지고 있습니다.
　배짱이 좋은 사람들은 심약한 사람들과는 달리 쉽게 기가 죽지 않습니다. 그리고 쉽게 포기하지 않습니다. 다른 사람들의 공격이나 반대에 대하여 그리 피곤하게 생각하지 않습니다. 그들은 담대하다는 소리를 들으며 추진력이 있다는 말을 듣습니다. 그것은 그들의 배에 영적 에너지가 내장되어 있기 때문입니다.

　마음, 심령이 약한 사람의 특성은 배의 힘이 약하다는 것입니다. 그들은 가슴에 에너지가 모여있습니다. 그래서 정이 많고 온유하며 부드럽습니다. 그러나 배에는 에너지가 모자라기 때문에 힘이 부족하고 용기가 부족합니다.

　영성에 대하여 쓴 나의 책을 많이 읽은 독자라면 내가 사람의 세 가지 중요한 부분을 머리, 가슴, 배로 나누며 그것이 지혜와 사랑과 권능의 곳간이라고 묘사한 부분을 접해보았을 것입니다. 그것은 지, 정, 의의 곳간이라고도 할 수 있습니다.
　그러므로 머리에 에너지가 많은 이들은 지혜가 많으며 가슴에 에너지가 많은 이들은 사랑과 정이 많으며 배에 에너지가 많은 이들은 권능과 힘이 있습니다. 그러므로 자신에게 부족한 부분을 훈련해야 하는 것이며 이를 통해서 균형적인 그리스도인으로서 성장할 수 있는 것입니다.

배는 권능이 임하는 대표적인 장소이며 심장을 보호하는 역할도 담당하고 있습니다. 그것은 심장, 영혼이 바깥 세계와 직접 부딪치지 않도록 지켜주는 영적 방패의 역할을 하는 것입니다.

  그러므로 배는 일종의 갑옷과 같습니다. 그래서 영혼의 껍질이 얇다는 표현은 배에 에너지가 부족하다, 배의 껍질이 얇다는 의미로도 이해할 수 있는 것입니다.

  배는 일종의 완충지대입니다. 바깥에 영적인 적군들이 많이 있어도 배에서 많은 군사들이 지켜주고 있다면 영혼은 안전하며 불안감을 느끼지 않을 것입니다.

  그러나 완충지대인 배의 영적 두께가 아주 얇다면 심장은 바깥의 기운을 바로 느끼게 되고 그로 인하여 불안해지게 됩니다.

  그러므로 영혼, 심장을 보호하기 위하여 배를 강건하게 해야하는 것을 알아야 합니다. 배가 강건하고 충만해지면 심장은 안전감과 평안을 누리게 됩니다. 바깥의 위협에 대하여 두려워하지 않게 되므로 자신의 고유한 사명을 따라 움직이며 행복하게 살게 됩니다.

  한 나라의 주위에 많은 적국들이 있어도 그 나라의 군사력이 든든하다면 이 나라는 안정을 누릴 수 있을 것입니다. 그러나 군사력이 약하면 항상 불안과 긴장 속에서 살게 되겠지요. 여기서 군사력이 바로 배의 힘과 관련이 있는 것입니다.

  자, 그러면 어떻게 배를 강건하게 하고 두껍게 하여 영혼을 잘 보호할 수 있을까요? 배를 두껍게 한다고 해서 실제로 음식물을 많이 먹어서 배가 나오게 한다는 것으로 오해해서는 안 됩니다. 그것은 영적인 표현일 뿐이며 육체의 상태와 상관이 있는 것은 아닙니다.

배를 강하게 하는 데에는 여러 가지 훈련과 기도의 방법이 있지만 가장 일반적이고 쉬운 방법은 호흡기도를 통한 것입니다. 호흡기도를 통하여 배에 영적 에너지를 충전할 수 있습니다. 그리고 그것이 가장 쉽고 유용한 방법입니다.

나는 최근에 〈예수 호흡기도〉라는 책을 썼습니다. 이 책에는 여러 가지 호흡기도에 대한 방법과 원리가 기록되어 있으므로 이 책을 읽으시면 참고가 될 것입니다. 여기에서는 반복하여 언급하지 않겠습니다. 중요한 것은 호흡은 기도이며 호흡을 들여 마시면서 주님을 부를 때 우리는 숨을 통해서 우리에게 주님이 임하시고 채우시는 것을 경험할 수 있다는 것입니다.

특히 심령이 약한 이들의 회복에 있어서 중요한 호흡기도는 배호흡기도이며 충전하는 호흡기도입니다. 이 배에 호흡을 충전하는 기도를 드리면 누구나 정도의 차이는 있지만 심령이 담대해지고 자신감이 생기며 영혼이 강해지는 것을 느끼고 경험하게 됩니다. 그것은 배가 권능과 힘이 임하는 창고이기 때문입니다. 누구나 기도와 호흡으로 이 창고를 채울 수 있습니다.

배를 강건하게 하는 호흡기도는 간단합니다. 이것은 충분한 공기를 마시는 것입니다. 기도를 드리면서 숨을 통하여 주님이 배에까지 강력하게 채워주시도록 구하는 것입니다.

배에 충전을 하는 마음으로 호흡을 하시면 됩니다. 마치 풍선에 바람을 불어넣듯이 자동차에 기름을 넣듯이 충분히 깊이 호흡을 들여 마십니다.

호흡을 조금만 내 쉬고 많이 들여 마십니다. 실제로 배에 호흡이 들어가는 것은 아니지요. 그러나 배에 힘이 들어가는 듯이 느껴지게 됩니다. 쉽게 설명하자면 숨을 들여 마시는 것보다 배를 내밀었다 집어 넣었다 한다고 이해하면 됩니다.

불과 5분에서 10분 정도만 이렇게 배를 충전하는 호흡기도를 드리게 되면 마음에 여유가 생기게 됩니다. 뭔가 충만된 느낌이 들고 불안감도 사라집니다. 아마 마음이 불안하거나 공허할 때 이렇게 충전의 호흡을 하게 되면 그 효과를 현저하게 느낄 수 있을 것입니다.

이러한 호흡을 통한 충전을 반복하여 해야 합니다. 날마다 하루에 몇 번씩 하는 것이 좋지요. 사람의 체질이란 하루 아침에 바뀌는 것이 아니기 때문입니다.

이러한 호흡기도를 전혀 해보지 않은 사람이라면 처음에는 속에서 트림이 나오거나 가스가 나오는 것이 느껴질 수도 있습니다. 불쾌한 느낌이 들기도 하지요. 물론 그것은 정화과정입니다. 속에 있는 나쁜 기운이 바깥으로 나가는 것이지요. 신선한 기운이 안에 들어가게 되면 어두운 기운은 밖으로 나가게 되어 있기 때문입니다.

조금 지나면 몸이 가볍고 부드러워진 것을 느끼게 됩니다. 피곤도 덜 느끼게 되지요.

이 충전의 기도를 지속적으로 하게 되면 그와 함께 마음과 영성의 변화도 점차로 느껴지게 됩니다. 자신감이 생기며 여유가 생기게 되기 때문에 사소한 일에 신경을 쓰거나 짜증을 내지 않게 됩니다. 영을 보호하는 막이 두꺼워졌기 때문에 상처도 잘 받지 않게 되지요. 그것은 두꺼운 갑옷을 입으면 때려도 아프지 않은 것과 같습니다.

또한 상처를 받는다고 해도 호흡기도에 대해서 배우게 되면 그 나쁜 기운을 배출호흡을 통해서 내보내면 되니까 곧 회복이 됩니다.

이 배출호흡기도에 대해서는 〈예수 호흡기도〉를 참고하면 좋을 것입니다.

 배에 영적인 에너지가 충전되면 무엇보다도 자신의 목소리가 달라진 것을 느끼게 됩니다. 영혼이 약한 이들의 목소리는 조금 가늘고 빡빡한 느낌을 주는 것이 보통인데 목소리가 점점 굵어지고 여유가 생기게 되며 부드럽고 윤택해지게 됩니다. 전에는 힘이 들어서 억지로 말을 하던 것이 마치 저절로 물이 흐르는 것처럼 힘들이지 않고 쉽게 말이 흘러나오게 되지요.
 호흡기도를 통한 충전이 아주 많이 되었을 때는 조그맣게 말해도 마치 우레 소리처럼 묵직하게 들리기도 합니다. 이러한 목소리는 사람들에게 어떤 위압감을 주기도 합니다. 스스로 과장하고 무게를 잡지 않더라도 사람들이 두려워하게 됩니다. 물론 너무 사람들이 두려워하지 않도록 충전을 조금 완화할 수도 있습니다. 그 때쯤이면 다른 사람들에게 눌리고 끌려가는 것은 더 이상 없게 됩니다.

 배에 충전된 호흡, 숨의 기운이 영혼을 보호하고 둘러싸고 있다는 것을 기억해 두십시오. 따라서 아주 두꺼운 기운이 심장을 감싸고 있으면 심장은 안전감을 느끼게 되며 평안하고 행복해지는 것이 보통입니다.
 영혼은 매사에 전혀 두려워하지 않게 되며 그 영혼의 고유한 기능인 사랑과 희락과 화평과 온갖 열매를 자연스럽게 맺게 됩니다. 보호받는 상태에서 영혼은 아주 활발하게 활동할 수 있기 때문입니다. 영혼의 느낌은 아주 달콤하고 편안한 기분이 들게 되지요.
 배에 이렇게 호흡으로 충전하는 간단한 방법을 통해서 여태껏 오래 동안 불안해하고 두려워 했었다는 사실을 알게 되면 아마 무척 억울해할 지도 모르겠습니다. 자유함의 길은 이렇게 쉬운 것이니까요. 그러나 체질적인 변화를 위해서는 자만하지 말고 일시적인 성공에 들뜨지 말고 꾸준하게 기도하고 훈련하는 것이 필요합니다.

눈이 흐리고 힘이 없으면 어둡고 혼란스러운 기운이 들어와서 영혼을 괴롭게 합니다. 그러므로 맑고 청명한 영을 유지하기 위해 눈의 훈련과 기도와 정화가 필요합니다.

배에 힘이 없으면 무기력해지게 되며 자꾸 마음이 불안해지게 됩니다. 그래서 영혼이 눌리고 괴로운 상태가 되지요. 그러므로 강건하고 평안한 영을 유지하기 위해서 배의 훈련과 기도가 필요합니다.

눈과 배는 심장을 위와 아래서 지켜주는 것입니다. 심장은 중앙에 있는 우리 왕국의 수도와 같으며 이러한 위 아래의 보호를 통해서 아름답고 풍성한 생명의 활동을 할 수 있는 것입니다.

하늘에서는 빛이 있고 땅에서는 따뜻한 열기가 있어서 식물은 생명을 얻게 됩니다. 그처럼 눈으로는 빛을 받으며 배로는 뜨겁고 강한 열기를 받아서 우리의 심장은 보호되고 강건해지게 됩니다.

머리에서는 깨달음의 빛이 와서 심장을 아름답고 풍성하게 만들며 배에서는 강력한 권능의 불이 올라와서 심장을 강건하게 합니다. 이렇게 심장, 영혼은 조화되며 충만하게 되는 것입니다.

부디 당신의 배에 하나님의 권능으로 충전되도록 하십시오.

믿음으로 호흡을 들여 마시십시오.

그렇게 당신의 배를 강화시킬 때 당신은 여태까지의 두려움과 불안에서 벗어나 자유롭고 풍성한 삶을 경험할 수 있게 될 것입니다.

6. 발성의 훈련

　호흡을 통해서 배를 충전하고 강화시키는 것은 심령을 보호하고 강건하게 하기 위해 아주 중요한 것입니다. 그러나 배에 영적 권능을 받기 위한 좀 더 일반적인 방법은 소리를 내어서 하는 발성기도입니다. 이것은 부르짖는 기도라고도 불립니다.
　소리를 내어서 하는 기도는 아주 중요합니다. 사람은 마음을 가지고 있으므로 소리를 내지 않고 마음으로만 기도를 할 수도 있습니다. 그러나 소리를 내는 기도는 속으로 하는 기도보다 훨씬 더 강력한 힘이 나타나게 합니다.

　심령이 약한 이들은 소리가 약하고 시원하지 않습니다. 어떤 이들은 워낙 속삭이는 소리로 말하기 때문에 듣는 것도 어렵습니다. 그처럼 목소리가 작은 것은 대체로 자신감의 결여에서 나오는 것이 많습니다. 야단을 많이 맞고 자라서 기가 죽은 것일지도 모르지요.
　이들의 음성은 대체로 가늘고 높습니다. 목소리가 높은 것은 그의 에너지의 위치가 높은 상태에 있는 것을 말해주는 것입니다. 이것은 경우에 따라서 좋을 수도 있지만 항상 목소리가 높은 톤이라는 것은 대체로 영혼의 상태가 불안정하다는 것을 보여주는 것입니다.
　목소리가 높은 사람은 마음도 붕 떠있는 경우가 많습니다. 대체로 여성들의 목소리의 톤이 남성들에 비해서 높은데 그러므로 여성들은 정서적으로 민감하고 안정감이 부족한 편입니다.

목소리가 높은 사람은 마음이 안정되기 어렵습니다. 그들은 쉽게 흥분하고 쉽게 긴장합니다. 나에게 전화를 걸어서 상담을 요청하는 분들은 대부분 목소리가 낮은 이들이 드물었습니다. 그래서 높은 목소리, 긴장된 음성으로 그들의 고민을 토로하곤 했습니다. 그러면 나는 이렇게 이야기하곤 했습니다.

"목소리의 톤을 낮게 하세요. 그러면 마음이 안정되고 고민이 사라집니다."

그들은 그 말을 듣고 그대로 시도를 해보고는 곧 마음이 가라앉고 평안해졌다고 놀라서 이야기를 하곤 했습니다. 그처럼 목소리의 높이는 정서적인 상태, 영혼의 상태와 관련이 있는 것입니다.

사람이 높은 곳에 올라가 있으면 기분이 어떨까요? 높은 사다리에서 밑을 바라보고 있으면 어떨까요? 물론 두려울 것입니다. 마음이 안정되지 않겠지요.

목소리가 높은 것도 이와 비슷합니다. 사람이 아래로 내려와야 마음이 안정될 수 있는 것처럼 목소리도 낮은 곳으로 내려와야 그 마음과 영혼이 안정될 수 있는 것입니다.

집을 지을 때 먼저 3층을 짓고 그 다음에 2층을 짓고.. 그렇게 하는 사람은 없습니다. 항상 아래에서부터 기초를 쌓고 건물을 위로 올리게 되지요. 그것이 안정적으로 집을 짓는 방법입니다. 그런데 목소리도 이와 같습니다.

목소리가 높은 사람은 안정감이 없습니다. 그들은 불안하여 잘 흥분하고 열심히 노력하지만 무엇을 어떻게 해야 하는지 잘 모르고 우왕좌왕합니다.

그들은 먼저 안정을 배워야 합니다. 목소리가 낮은 곳으로 내려와 기초를 쌓고 영혼을 안정시켜야 합니다. 그래야 그들의 삶에 있는 많은 불안과 긴장과 혼돈의 기운이 사라질 수 있게 됩니다.

낮은 목소리는 배에서 나오는 것입니다. 목소리를 낮추게 되면 배에서 소리가 나오게 됩니다.
높은 목소리는 그 사람의 배에 에너지가 부족하다는 것을 보여줍니다. 배에서 안정과 힘이 시작되기 때문에 그는 영혼이 붕 떠있어서 열매를 맺기가 어려운 것입니다.

이 땅의 모든 열매는 배에서 나오는 것입니다. 하늘의 열매, 영혼의 열매는 가슴에서 나옵니다. 사랑도 희락도 가슴에서 나옵니다. 그것은 하늘의 열매이며 성령의 열매입니다.
그러나 땅의 열매는 다릅니다. 사람이 태어나는 곳도 태입니다. 배에서 나오는 것입니다. 배에서 사람이 나온다는 것은 모든 땅의 열매들이 다 배에서 온다는 것입니다. 권능, 물질, 힘, 능력.. 다 배에서 오는 것입니다.
그러므로 배에 힘이 없고 에너지가 모자란 사람은 다른 사람들에게 눌리며 환경에서 눌리며 늘 두려워하고 불안하며 영이 약해지는 것입니다. 그러므로 배를 훈련하고 강하게 하는 것이 영혼을 잘 보호하며 강건하게 하는 것입니다.

낮은 소리를 내고 훈련하는 것은 곧 배를 훈련하는 것입니다. 사람이 낮은 소리를 내게 되면 배가 움직이게 되며 영적 에너지가 쌓여지게 됩니다.

그러므로 배에 힘을 주고 낮은 목소리로 부르짖는 기도를 하는 것은 훌륭한 영적인 훈련입니다.

구약의 이스라엘 백성은 위기 때마다 하나님께 나아가서 부르짖었습니다. 그리고 부르짖는 그 순간부터 하나님의 구원은 임하기 시작했고 이방의 세력은 깨어지기 시작했습니다.

그리스도인들이 배로 부르짖는 것을 배우게 되면 영권이 회복되며 세상을 이기게 됩니다. 이미 가지고 있는 말씀의 능력과 역사가 나타나게 됩니다. 그리하여 세상을 이기고 마귀를 이기며 승리하는 그리스도인이 될 수 있는 것입니다.

부르짖는 기도를 드릴 때 그것은 마치 사자의 으르렁거리는 소리와 같습니다. 밀림의 왕자인 사자가 크게 포효할 때 온 밀림의 모든 동물은 두려워서 다 잠잠해지게 됩니다.

그와 마찬가지로 주님의 용사인 주의 백성들이 큰 소리로 외치고 부르짖을 때 악한 영들은 두려워하며 잠잠해집니다. 기드온과 그의 군사들이 항아리를 깨뜨리며 외칠 때 미디안이 패배했고 여호수아와 그 군사들이 큰 소리로 외칠 때 여리고가 무너졌던 것처럼 부르짖고 외치는 소리는 어두움의 영들과 그들의 진을 깨뜨리는 효과가 있습니다.

심령이 약한 이들은 소리를 잘 지르지 못합니다. 이들에게 부르짖는 기도를 하라고 하면 도저히 못하겠다고 하는 이들이 많을 것입니다. 그러나 용기를 내어서 부르짖고 외칠 수 있다면 그들은 자신감과 승리를 얻게될 것입니다. 전쟁에 있어서는 담대해야 하며 그 때는 온유와 친절이 필요한 것이 아닙니다.

부르짖는 기도는 마치 동물이 으르렁거리는 소리와 비슷하기 때문에 나는 이것을 으르렁 기도라고 부르기도 합니다. 합리적이고 세련된 신자들에게 이러한 기도는 유치하고 무식하게 보일지 모르지만 이 기도는 우리의 영혼을 해방시키고 충만하고 강력하게 만듭니다.

세례요한은 '광야에서 외치는 자'라고 불리웠습니다. 그리고 그는 어릴 때부터 심령이 아주 강한 자였습니다. 그처럼 외치고 부르짖는 것과 심령이 강한 것은 서로 관련이 있는 것입니다. (눅 1:80)

부디 강력하게 부르짖는 훈련을 하시기 바랍니다. 부르짖을 수 있는 여건이 마련된 곳을 찾기가 어렵기 때문에 그만큼 오늘날의 성도들은 영혼이 많이 눌려 있습니다. 만약 어떤 교회들이 자주 모여서 같이 부르짖고 외치게 되면 그 교회 가운데 아주 강력한 하나님의 영이 운행될 것입니다. 그리고 부흥이 임하게 될 것입니다.

부르짖어서 하나님의 영이 운행하시게 되면 악한 영들이 하늘에서 떨어지기 때문에 전도의 열매들이 많이 맺어지게 됩니다.

전도는 영적인 승리의 결과로 오는 것이며 오늘날 그러한 열매가 적은 것은 성도들의 영혼이 눌리고 막혀 있어서 믿지 않는 자들을 지배하고 있는 악한 영들을 이기지 못하기 때문입니다. 그러한 상태에서는 천 마디의 간곡한 권유의 말도 결신을 일으키지 못합니다. 그것은 영적인 전쟁이기 때문입니다.

부르짖을 수 있는 장소를 찾기가 어렵다면 조금 더 조용히 훈련할 수 있는 방법도 있습니다.

크게 외치지 않더라도 배에 힘을 주고 낮은 목소리로 기도하는 것입니다.

또한 낮은 음성으로 최대한 목소리를 낮춘 상태에서 성경을 읽거나 찬송가의 가사를 읽습니다.

이러한 낭송에는 시편이 아주 적합합니다. 일어나서 낮은 목소리로 힘차게 시편을 읽습니다. 그것은 우리의 영혼을 뜨겁게 하고 강력하게 합니다.

감동이 많이 일어나게 되면 시편을 좀 더 높은 목소리로 읽어도 됩니다. 그러나 조심하실 것이 있습니다. 시편을 높은 목소리로 읽게 되면 울음을 터뜨리기가 쉽습니다. 목소리가 높아지면 정서적인 역사가 나타나기 때문입니다.

실컷 울고 나면 몸과 마음이 시원해지고 주님의 영의 풍성함으로 채워지기 때문에 그것도 나쁜 것은 아니지만 일단 지금은 낮은 목소리를 통해서 영혼을 강건하게 하는 훈련 중인 것을 기억하십시오.

높은 목소리는 감정을 일으킵니다. 그리고 낮은 목소리는 권능을 일으킵니다.

그러므로 마음이 너무 냉냉하다든지 해서 치유가 필요할 때는 높은 목소리로 기도하고 찬양하고 외치는 것이 좋습니다. 그러나 안정감과 파워를 원할 때에는 낮고 굵고 강한 목소리로 기도하고 찬양해야 합니다.

이 정도면 목소리와 영적 에너지와 권능과 그 관계성에 대하여 어느 정도 이해하셨을 것입니다.

이제 남은 것은 훈련입니다. 부디 하나의 지식으로 멈추지 말고 꾸준하게 훈련하고 기도하십시오. 나는 지금까지 20권이 넘는 영성의 원리들에 대한 저서를 저술했습니다. 그런데 그저 한번 읽고 지나가 버린 이들은 그다지 변화를 경험하지 못했습니다. 그러나 꾸준하게 그 원리를 따라 훈련하고 그것이 생활의 일부가 된 사람들은 정말 놀라운 변화들과 자유함들을 경험하는 것을 많이 보았습니다.

그것은 당신에게 달려 있는 것입니다. 지식으로 만족한다면 한번 읽는 것으로 충분합니다. 그러나 실제적인 변화를 원한다면 훈련하십시오.

어쩌면 이러한 이야기들이 너무 방법적인 것은 아닌가 생각하시는 분들이 있을지 모릅니다. 그러나 영성에도 원리와 방법이 있다는 것을 이해하시기를 바랍니다.

우리는 그것들을 초월할 수 없습니다. 우리는 주님을 사모하지만 우리의 기질이나 어떤 요소가 주님을 방해할 수 있습니다. 그럴 경우에 우리는 우리의 문제점들이 무엇인지 알아야 하며 진단과 함께 처방이 필요하고 그리고 그 처방전을 지켜야 합니다.

부디 당신의 배를 강건하게 하십시오.
소리를 통해서 주님의 영광을 표현하고 외치십시오.
부르짖어 기도함으로서 당신 안에 있는 무한한 영권이 밖으로 흘러나오게 하십시오.
당신은 곧 놀라운 승리와 해방을 경험하게 될 것입니다.

7. 몸의 훈련

영혼이 얇고 여린 사람은 대체로 의지가 약하며 몸도 연약합니다. 그 이유는 의지의 힘과 신체적인 힘은 서로 비례하는 측면이 있기 때문입니다. 그렇다고 이것을 100% 모든 사람에게 적용할 수는 없습니다. 예를 들어서 힘이 강한 사람은 다 의지가 강하며 힘이 약한 사람은 다 의지가 약하다는 식으로 단언할 수는 없습니다.

그러나 분명한 것은 의지적인 부분과 신체의 힘과는 서로 연관성을 가지고 있다는 것입니다. 경험적인 측면을 보아도 우리는 몸이 약할 때 마음도 같이 약해지는 것을 느낍니다. 항상 자신감이 충만한 상태에서 살았던 이들이 병을 얻은 후에는 의기소침하여 자신감을 잃어버리는 모습은 흔히 볼 수 있는 것입니다.

몸은 영혼과 서로 대치하는 요소를 가지고 있습니다. 그러나 또한 몸은 영혼을 반영하기도 합니다. 그러므로 몸의 상태는 영혼의 상태를 알 수 있는 좋은 자료가 됩니다.

영혼이 여린 사람은 대체로 신체의 기능이 강하게 발달되어 있지 않습니다. 그들 중에는 운동을 즐기는 이들이 별로 없습니다. 별로 움직이는 것, 활동하는 것을 좋아하지 않는 경향이 있습니다.

아마 이들에게 춤을 추라고 하면 아주 어색하고 부자연스럽게 느끼게 될 것입니다. 이들은 사색적이며 감상적인 사람이지 활동적인 사람은 아니기 때문입니다.

이들의 자세를 보아도 가슴을 활짝 펴고 당당하게 걷는 이들은 별로 없습니다. 뭔가 움츠러들어있는 모습입니다.
　이들은 행동의 규모가 크지 않고 소극적이며 동작이 작습니다. 예를 들면 세수하는 것을 보아도 아주 조용히 조심스럽게 합니다. 어떤 이들은 세수를 해도 마치 전쟁을 하는 것처럼 요란하게 하며 주위에 물을 한바탕 쏟아놓는데 아마 그러한 이들을 보면 이들은 몹시 싫어할 것입니다. 거칠은 것을 좋아하지 않으니까요. 이들은 목욕을 하면서 때를 밀어도 손가락으로 조금씩 미는 사람들이기 때문입니다.
　이러한 이들의 행동방식도 물론 영혼의 상태와 관련이 있는 것입니다. 왜 그들은 행동이 강하고 터프하지 않고 조심스러울 까요? 그것은 그들이 젠틀맨이기 때문일까요?

　바다 속으로 들어가면 물의 압력을 받게 됩니다. 깊은 곳으로 내려갈수록 물의 압력은 커지겠지요. 그리고 압력이 크면 클수록 움직이는 데에 어려움을 겪게 됩니다.
　영혼이 약한 이들이 움직임이 적고 크지 않은 것은 그들의 영혼이 그들을 누르고 있는 영적인 압력감을 많이 느끼고 있기 때문입니다. 깊은 바다 속에서 물의 압력 때문에 움직이기 어려운 것처럼 그들은 영혼의 힘이 약하기 때문에 그들의 주변에 있는 영적인 압력감을 감당하기 힘이 듭니다. 다시 말하자면 이것도 일종의 영혼의 눌림 현상이라고 할 수 있습니다.

　화가 나서 싸우는 부부는 서로 얼음처럼 굳어져 있을 때가 많지요. 평소 같으면 그렇게 꼼짝을 하지 않고 있으면 아주 답답할 텐데

화가 나 있을 때는 미동도 하지 않습니다. 그것도 분노의 영에 의한 압력을 느끼게 되기 때문에 영혼이 굳어져서 움직이는 것이 불편하고 부자연스럽기 때문입니다.

물론 화가 풀리면 다시 자연스럽게 움직이게 되지요. 이처럼 영혼의 힘, 영적인 압력감이란 아주 실제적인 것이며 하나의 개념이 아닌 것입니다.

나는 행동거지가 아주 얌전하고 부드러운 것이 나쁘다고 하는 것은 아닙니다. 그러나 자유롭게 움직이는 것이 어려운 이들은 이러한 영적인 압력감을 느끼고 눌릴 정도로 영이 약하고 예민하다는 것입니다. 그것은 일종의 부자유일 수 있는 것입니다.

영혼이 얇고 여린 이들이 자유를 경험하기 원한다면 반대로 이러한 외적인 상태를 바꿈으로 영혼에게 영향을 줄 수 있습니다. 즉 몸의 묶임이 풀리게 되면 영혼의 상태도 풀려날 수 있는 것입니다.

눈의 훈련과 배의 훈련을 시도해보았다면 아마 이미 몸의 묶임 증상이 많이 완화된 것을 느낄 수 있을 것입니다. 그러므로 이제는 몸을 움직이고 표현하는 것을 훈련할 필요가 있습니다.

자세 바꾸기

자신의 자세를 한번 관찰해 보십시오. 앉아있는 자세라든지 걸어다니는 자세라든지 사람들과 대화를 할 때의 자신의 표정이나 자세를 혼자서 생각해보십시오. 객관적으로 자신의 모습을 볼 수 있다면 자신을 진단할 수 있을 것입니다.

자세는 그 사람을 보여줍니다. 고민하면서 하늘을 보는 사람은 거의 없습니다. 대부분 땅을 쳐다보며 몸이 기울어져 있지요.

자세를 바꾸는 것은 마음을 바꾸는 것이며 영혼을 바꾸는 것입니다.

허리를 똑바로 펴 보십시오. 그것은 인생을 살아가는 우리의 모습을 보여줍니다.

고개를 들고 하늘을 바라보십시오. 그것은 주님을 의뢰하는 우리의 마음을 반영하는 것입니다.

가능하면 몸을 구부러뜨리지 말고 바르게 펴십시오. 그것은 두려움과 무질서에서 우리의 영혼을 바르고 강건하게 만들어 주는데 도움이 됩니다.

어깨를 활짝 펴십시오. 우리의 죄가 용서되고 주님의 자녀로 부름 받았다는 것을 확신하는 마음으로 그렇게 할 수 있습니다.

어딘가에 기대는 것을 너무 좋아하는 것도 자세를 약하게 합니다. 그것은 주님이 아닌 다른 것을 기대고 의지하는 모습을 보여줄 수도 있는 것입니다.

눈을 분명하게 뜨고 바른 자세와 당당한 자세를 가지십시오. 그것은 당신의 영혼을 맑고 신선하게 하는 데 도움이 될 것입니다.

표정 훈련하기

'얼굴이 굳어있다'는 표현이 있습니다. 얼굴의 표정이 경직되어있다는 뜻이지요. 얼굴이란 '얼이 들어있는 굴'이란 뜻입니다. 즉 영혼이 담겨있는 구멍이라는 의미이지요. 그런데 그 얼굴의 표정이 경직

되어 있다는 것은 곧 영혼의 경직됨, 부자유함을 의미한다고 볼 수 있는 것입니다.

 누구나 다른 사람의 밝고 친절하고 명랑한 얼굴을 대하게 되면 마음이 즐거워집니다. 하지만 얼굴이 굳어있고 무뚝뚝한 이들을 보면 기분이 상하게 되지요. 그러나 그것을 알면서도 미소를 띤 자연스러운 표정을 짓는다는 것은 쉬운 일이 아닙니다. 특히 영혼이 여린 이들은 그렇지요.

 직업상 항상 웃는 얼굴을 보여야 하는 사람도 있습니다. 그러나 그러한 이들은 억지 웃음을 연기할 수밖에 없기 때문에 그 웃음은 자연스럽지 않으며 그 자신에게도 스트레스를 주게 됩니다. 가식이 없는 자연스러운 웃음과 표정이야말로 사람들에게 청량제가 되는 것이지요.

 오래전 청년 시절에 교회에서 갔었던 여름 수련회가 기억이 납니다. 어느 날 밤의 시간에 어떤 성가대의 팀이 와서 찬양을 했는데 그것은 아주 은혜스러운 시간이었습니다.

 그런데 그 중에서 특히 눈에 띄는 자매가 있었습니다. 활짝 웃는 얼굴로 찬양을 열심히 드리는 자매가 있었는데 그 자매의 외모가 그리 뛰어난 편은 아니었지만 그 웃음과 기쁨이 가득한 얼굴로 찬양을 드리는 것이 너무 아름답고 인상적이었습니다.

 그 모습을 본 다른 자매들도 비슷한 인상을 받은 것 같았습니다. 그래서 아마 그 자매에게 물어본 모양입니다. 어떻게 그렇게 아름답고 보기 좋은 모습으로 찬양을 드릴 수 있느냐고..

 그랬더니 그 자매가 이렇게 대답하더라는 것이었습니다. 자기는 하루에 30분씩을 거울 앞에서 웃는 모습을 연습한다고.. 특히 찬양을 드리기 전에는 꼭 연습을 한다는 것이었습니다. 최대한 기뻐하고 웃는 모습으로 찬양을 주님께 드리고 싶어서라는 것입니다.

여기에 대해서 조금 부정적으로 보는 이들이 있을지 모르지만 나는 그 이야기를 듣고 신선한 감동을 느꼈습니다.

나는 그것이 인위적인 것이라고 생각하지 않습니다. 그것은 아름다운 훈련이며 우리의 영혼을 자유롭게 만들 수 있는 좋은 연습이라고 생각합니다.

당신도 거울 앞에서 그러한 훈련을 해보십시오. 남성이라고 하더라도 좋은 표정과 인상을 훈련하는 것은 결코 나쁜 것이 아닙니다.

거울 앞에서 당신의 표정을 훈련하십시오. 영혼이 자유로울수록 표정도 자연스럽고 자유로워지기 때문에 반대로 표정을 자연스럽게 만드는 훈련에 익숙해질수록 그것은 영혼의 해방과 자유에 도움이 될 수 있는 것입니다.

거울 앞에서 당신의 안면근육을 가능하면 많이 사용하고 훈련하십시오. 사람들은 화를 낼 때는 적은 근육만을 사용하며 웃을 때는 좀 더 세밀한 많은 근육을 사용한다고 합니다.

사람들은 사진을 찍을 때 서로 웃으려고 애를 쓰는 데 그것은 웃을 때 표정이 아름답게 보이고 사진이 잘 나오기 때문입니다. 그렇기 때문에 잘 웃지 못하는 사람은 사진이 잘 나오지 않기 마련이고 그래서 사진을 피해서 도망 다니게 됩니다.

거울 앞에서 웃는 훈련, 그것은 영혼의 눌림에서 벗어나게 하는 좋은 훈련입니다. 영혼의 눌린 사람일수록 표정이 없고 자신의 감정을 드러내는 데 서투르기 때문에 당신은 그것을 훈련할 필요가 있습니다.

거울 앞에서 눈을 아주 크게 떠보십시오.

입을 크게 벌려 보십시오. 이것은 근육을 운동시키는 것입니다.

활짝 웃어보십시오. 그리고 부드럽게 미소를 지어보십시오.

입을 꼭 다물어 보십시오. 그리고 뺨을 움직여 보십시오.

그리고 다양한 표정을 연기해보십시오.

화를 내는 표정, 놀라는 표정, 즐거운 표정, 과장된 표정을 연기해 보십시오.

물론 다른 사람들이 보는데서 하면 좋지 않겠지요. 그들이 걱정을 할 지도 모르니까요.

이러한 표정의 연습은 당신의 감정표현을 좀 더 자유롭게 할 것입니다. 분명한 것은 당신의 근육이 부드러워질 때 당신의 감정도 영혼도 같이 부드러워진다는 것입니다.

당신의 얼굴을 해방시키십시오. 경직됨에서 자유로워지게 하십시오. 그것은 훌륭한 영성훈련이며 당신은 새로운 자유로움을 경험하게 될 것입니다.

움직이기

앞에서 언급했듯이 영혼의 껍질이 얇은 이들은 활동을 별로 좋아하지 않습니다. 자주 지치고 피곤하게 느끼니까요. 그래서 잘 안 움직이려고 하는 경향이 있습니다.

그러나 그것은 어떤 면에서 주님을 제한할 수가 있습니다. 그래서 영혼의 자유와 해방을 위해서도 움직이는 것을 훈련할 필요가 있습니다.

일어나서 성령님의 기름 부으심을 요청하면 몸에 부드러운 압박감이 오면서 저절로 손이 움직여진다거나 해서 영성적인 춤을 추게 됩니다. 이 경험에 대해서는 〈주님을 경험하는 100가지 방법〉 등에 언급한 바 있습니다. 이것도 영혼을 부드럽게 풀어주는 데에 도움이 되지요.

그러나 그것도 나쁘지는 않지만 영혼이 얇은 이들은 약간 다른 훈련을 하는 것이 좋습니다.

그것은 겉 사람의 힘을 빼고 속의 영혼 자체를 움직이는 기도이며 훈련이라고 할 수 있습니다. 그러한 영의 춤, 영의 흐름을 위해서는 온 몸에 힘을 빼고 있어야 합니다.

그러나 여기서 이야기하고 있는 것은 겉의 껍질이 약한 사람들을 위한 것이기 때문에 그렇게 힘을 빼고 있는 것보다는 강하게 몸에 힘을 주고 움직이는 것이 좋습니다.

힘차게 팔을 뻗어보십시오. 그리고 좌우로 돌리십시오.
주먹을 강하게 쥐어 보십시오.
온 몸에 힘을 빼고 부드럽게 기도하면 영혼이 자연스럽게 활동하게 됩니다. 그러나 온 몸에 힘을 주고 기도하면 겉 사람에게 능력이 임하므로 힘과 권능이 임하게 됩니다.

이 차이를 이해하셨으면 좋겠습니다. 다시 말하면 몸을 긴장시키면 은사와 권능이 임하게 되며 몸을 부드럽게 이완시킨 상태에서 기도하면 속 사람, 내면의 움직임이 시작된다는 것입니다.

영혼의 껍질이 얇은 사람은 속 사람의 움직임은 어느 정도 있습니다. 그래서 사람이 희생적이며 애정이 많고 부드럽지요. 그러나 겉의 껍질이 약하기 때문에 이들은 긴장하는 훈련을 하는 것이 좋습니다.

기도할 때 주먹을 불끈 쥐고 기도해보십시오.
기도가 평소보다 더 강하게 나오는 것을 느낄 수 있습니다. 그러고 나면 마음이 아주 시원해지지요.
걸어다니면서 소리내어 기도하는 것도 몸을 풀어놓는 좋은 방법입니다. 그러한 움직임은 몸 위에 있는 어떤 묶임을 벗어버리게 합니다.
고개를 좌우로 돌리며 움직여보십시오. 그러면서 나의 주위에 있는 모든 묶임이 사라지도록 명령하면서 움직이십시오.
손을 뻗으며 이 손에서 능력이 나간다고 믿고 상상하십시오. 믿음은 실제적인 역사를 일으킵니다.

한 걸음씩 걸으면서 이 발걸음에 주님이 함께 하신다고 믿으십시오. 그리고 내 삶을 괴롭히는 모든 악한 영들의 세력을 발로 짓밟고 있다고 믿으십시오. 하나님께서는 여호수아에게 네 발로 밟는 것들을 다 주셨다고 하셨습니다. (수1:3)
이것은 상징적인 행동이면서 믿음의 행동입니다. 그러한 행동을 하면서 그것을 신뢰하고 믿을 때 그 행동은 우리의 영혼을 자유롭게 풀어줍니다.
당신은 지금까지 움직이는 것을 별로 좋아하지 않았을 것입니다. 그러나 이제는 자주 그 움직임을 즐기십시오. 그리고 그 움직임을 통해서 승리와 자유와 풍성함들이 고백되고 이루어지는 것을 믿고 신뢰하십시오. 그러한 행동은 영성적인 행동이며 우리의 삶에 변화를 일으킬 것입니다.

운동하기

　육체의 움직임과 행동의 훈련이 영혼을 풀어놓고 자유롭게 하는 효과가 있듯이 운동도 마찬가지의 효과가 있습니다.
　영혼이 약한 이들은 대체로 몸에도 힘이 없습니다. 팔씨름을 해도 잘 지게 됩니다. 그러므로 힘을 훈련하는 것은 영혼에도 도움이 되는 것입니다.
　운동에는 지구력이 필요한 운동이 있고 근력이 필요한 운동이 있습니다. 마라톤과 같은 운동은 지구력이 필요합니다. 역기라든지 씨름과 같은 운동은 근력이 필요한 것입니다.

　지구력이 부족한 사람은 쉽게 끈기를 잃어버리고 포기를 합니다. 또한 근력이 부족한 사람은 의지가 약한 면이 있습니다.
　그러므로 자신감과 의지를 강하게 하기 위해서 근력을 기르는 운동을 하는 것은 좋을 것입니다. 단순하게 팔 굽혀 펴기라든지 아무튼 힘이 필요한 것은 무엇이든지 좋습니다.
　체조와 같은 것도 좋은 운동입니다. 이것은 앞에도 언급했듯이 몸과 영혼의 묶임을 풀어서 자유롭게 해줍니다. 몸이 자유롭게 되면 생각도 감정도 자유롭게 되는 것입니다.
　오래 달리기도 좋습니다. 달리는 것은 심장의 박동을 강하게 합니다. 그렇게 심장이 강해지면 작은 일에 놀라거나 상처를 받지 않게 됩니다.

달리는 것이 어려운 사람은 조금 빨리 걷는 것도 좋을 것입니다. 약간 땀이 나고 심장이 뛸 수 있으면 그것으로 좋습니다.

이러한 운동들도 영혼을 잘 보호할 수 있도록 육체와 영혼의 껍질을 튼튼하게 한다는 사실을 기억하시기 바랍니다. 영혼이 어릴 때는 육체와 영혼이 서로 싸우며 대적하고 갈등하는 관계에 있지만 그러나 영혼이 어느 정도 성장한다면 육체와 영혼은 서로 돕는 한 지체로서 서로의 일에 유익됨을 알게 될 것입니다.

부디 당신의 몸을 잘 돌보십시오. 몸은 영혼의 껍질이며 도구입니다 몸과 영혼이 서로 조화될 때 우리의 영성은 더욱 더 풍성하고 자유롭게 될 것입니다.

8. 긴장하기

 흔히 긴장이란 단어는 별로 좋지 않은 의미로 사용됩니다. 보통 긴장하는 것은 나쁘다고 생각하는 경향이 있지요.
 물론 어느 면에 있어서 그렇습니다. 예를 들어서 사랑의 대화를 나누어야할 때, 부드럽게 다른 이들을 위로해야 할 때 긴장을 하고 있다면 별로 도움이 되지 않을 것입니다. 또한 시험을 친다든지 할 때 너무 긴장을 하고 있으면 오히려 자신의 능력을 발휘하는 데에 방해가 될 수 있겠지요.
 긴장은 내면의 열매를 맺는 데에 있어서 불편하며 방해가 되는 것입니다. 사랑이나 평화, 기쁨 등의 열매를 맺고 싶을 때 긴장이 되어 있으면 그러한 자유롭고 편안한 감정을 경험하기가 어려울 것입니다.
 많은 내적인 열매들이 긴장을 풀고 안식하는 데에서 나옵니다. 안식을 배우고 훈련한 사람들은 자신이 평소에 경험할 수 없었던 내적인 열매나 자유함들을 많이 경험하곤 합니다. 예를 들자면 안식을 통하여 오래 동안 사랑할 수 없었던 사람을 사랑하게 된다든지, 아니면 죄에서 벗어나 자유롭게 되었다든지 하는 것을 말입니다.
 이러한 〈안식의 원리〉에 대해서는 이미 출간된 나의 저서 〈영성의 원리〉를 참고하면 좋을 것입니다.

 그러므로 사람들은 안식이란 좋은 것이며 긴장이란 나쁜 것이다

라는 의식을 많이 가지고 있습니다. 그러나 단순히 그런 것만은 아닙니다.

안식과 긴장의 관계는 서로 상호보완적인 것이며 어느 한 쪽만이 필요한 것은 아닙니다. 안식이 부족하면 열매와 변화가 부족합니다. 그러나 긴장이 부족하면 또 다른 문제가 생깁니다.

안식은 내면에 도움이 되는 것입니다. 그러나 외면에는 도움이 되지 않습니다. 또한 긴장은 내면의 열매에는 도움이 되지 않습니다. 그러나 외적인 면에는 도움이 되는 면이 있습니다.

안식은 평화에 속한 것입니다. 그러나 긴장은 전쟁에 관련되어 있습니다. 그리스도인들의 삶이 항상 평화와만 관련이 있는 것은 아니며 때로는 전쟁 중에 거할 수도 있습니다. 이 때는 긴장이 필요합니다.

그러므로 적절한 긴장은 필요하며 또한 충분히 긴장이 있을 때에 안식의 가치가 있는 것입니다. 충분한 일과 사역 후의 안식이 꿀맛과 같은 것이지 항상 안식 속에만 있다면 그것은 나태함이 되겠지요.

영혼의 껍질은 영혼을 지키는 외곽이며 방어벽과 같은 것입니다. 여기에는 긴장이 필요합니다. 영혼의 껍질, 외곽에 긴장과 방어가 없다면 영혼의 내면을 지킬 수가 없습니다. 성경에는 안식에 대한 명령이 있지만 또한 동시에 깨어있음에 대한 많은 가르침이 있습니다. 이것이 긴장과 관련되어 있는 말씀인 것입니다.

영혼의 내부에는 평화와 안식과 사랑이 필요합니다. 그러나 영혼의 외곽에는 긴장과 깨어있음과 권능이 필요합니다. 여기서 깨어있는 것과 긴장하고 있는 것과 권능이 임하는 것은 서로 연관을 가지고 있습니다.

　주님께서는 겟세마네 동산에서 기도하시던 마지막 밤에 제자들에게 깨어서 기도해야 할 것을 말씀하셨습니다. 그 밤은 안식해야할 밤이 아니었으며 깨어서 전투를 해야할 때였습니다.
　그러나 제자들은 깨어 있지 않았습니다. 그들은 긴장에 익숙하지 않았습니다. 분명한 것은 성숙된 사역자는 안식할 때와 긴장할 때를 구분할 줄 안다는 것입니다.

　어떤 이들은 너무 긴장이 되어 있습니다. 그들은 긴장이 되어 있으므로 잘 웃지 않으며 아무 것도 아닌 일에 툭하면 화를 냅니다. 그들은 여유가 부족합니다.
　그러나 그들은 일을 열심히 합니다. 그래서 유능하다는 말을 많이 듣습니다. 비록 인간미가 조금 부족한 면은 있지만 그들은 유용하며 강건합니다.

　그러나 반대로 심령이 약한 이들은 너무나 긴장이 부족합니다. 그들은 대체로 선한 사람들입니다. 그들은 마음이 착하다는 이야기를 많이 듣습니다.
　그러나 그들은 긴장이 부족하므로 유용하지 않으며 일이 생겼을 때 무엇을 어떻게 해야 하는지 모릅니다. 그들은 직장에서 상사들에게 야단을 많이 맞는데 그 이유는 그들이 긴장되어 있지 않기 때문입니다. 그래서 야단을 맞기 전까지는 무엇을 어떻게 해야하는지 방향을 잘 잡지 못하며 수 없는 실수를 저지르기 때문입니다.

심령이 약한 이들은 툭하면 잘 잊어먹고 실수를 합니다. 그리고 많은 경우에 상황에 합당한 판단을 내리는 것에 미숙합니다. 그들은 남들이 쉽게 하는 것도 어쩔 줄 모르는 경우가 많습니다.

그 이유는 무엇일까요? 그것은 그들의 영혼이 자주 출장을 가기 때문입니다. 그들의 생각과 의식이 자주 현실을 떠나 엉뚱한 곳을 헤매고 있기 때문입니다. 그리고 그것도 긴장이 부족한 것과 관련이 있습니다.

눈이 멍한 사람이 있습니다. 이러한 이들을 보고 '얼간이'라는 말을 합니다. 얼간이라는 것은 얼이 가버렸다는 뜻입니다. 얼은 영혼을 말하는 것인데 즉 영혼이 잠깐 출장을 갔다는 것이지요.

'얼빠진 사람'이라는 말도 비슷한 의미입니다. 영혼이 빠져 버렸다, 어디로 나가버렸다는 뜻이지요.

'얼굴'이란 얼, 즉 영혼이 들어있는 구멍이라는 뜻인데 이처럼 영혼이 다른 데로 나가있으면 눈에서 그것이 드러나는 것입니다.

영혼의 기능을 통해서 모든 사고와 판단과 결정이 이루어지게 되는데 이처럼 영혼이 수시로 출장을 가면 사람이 어눌해지고 답답한 말과 행동을 하게 되며 적응이 느리고 상사로부터 꾸지람을 받게 되지요. 그렇게 영혼이 자주 다른 곳으로 빠져나가는 것도 긴장이 부족하기 때문입니다.

긴장은 일종의 집중력입니다. 그것은 영혼을 붙잡아 놓는 것입니다. 그러나 이 긴장의 힘이 없으면 영혼은 마치 주인 없는 몸처럼 헤매고 다니게 됩니다. 그러므로 깨어있음과 긴장이 필요한 것입니다.

심령이 약하고 영혼의 껍질이 얇은 이들은 근본적으로 긴장이 부족한 사람입니다. 그러므로 그들은 집중력이 약하며 힘이 부족합니다.
　긴장은 곧 권능과 능력과 관계가 있습니다. 긴장이 있는 사람은 기도할 때도 집회를 할 때도 능력이 쉽게 임합니다. 그러나 긴장이 부족한 사람에게는 권능이 그냥 지나갑니다. 그것은 그 권능의 파장이 그 사람과 맞지 않기 때문입니다.

　이미 영성에 대한 이야기를 하면서 여러 번 말한 적이 있지만 은사와 권능은 몸에 임하는 것이며 영혼의 외곽에 임하는 것입니다. 그리고 영혼의 열매를 맺게 하는 내적인 성령님의 역사는 영혼 내부에 임하는 것입니다.

　몸에 긴장이 되어 있는 이들에게는 은사와 권능이 잘 임합니다. 그러므로 그들은 강하고 담대하며 열정적입니다. 그러나 그들은 안식이 부족하므로 내적인 열매를 맺지 못합니다. 그들은 강하지만 분노가 많고 공격적이며 이기적입니다.
　또한 안식이 많은 이들은 내면의 주님을 잘 경험합니다. 그들이 선하고 희생적인 것은 그 때문입니다. 그러나 그들은 긴장이 부족하므로 능력과 힘을 잘 받지 못합니다. 그래서 그들은 연약하며 눌리며 각종 무기력한 증상을 가지게 되는 것입니다.

　이제 사람에게 외적인 권능과 내적인 아름다움의 열매가 필요한 것처럼 긴장과 안식이 동시에 필요하다는 것을 인식하셨을 것입니다.

한 마디로 요약하자면 내적인 변화를 위해서 안식과 주님과의 연합이 필요하며 외적인 능력을 위해서 긴장과 열정이 필요한 것입니다.

안의 변화에는 헌신과 순복이 필요하며 바깥의 변화에는 열정과 긴장과 흥분이 필요합니다. 이것은 상호보완적인 것이며 어떤 것이 더 우월한 것이 아닙니다.

영혼의 껍질이 약한 이들, 영혼이 약한 이들은 긴장이 부족합니다. 그러므로 그들은 껍질이 약하고 얇게 되는 것입니다.

이들에게는 긴장이 필요합니다. 이들은 긴장에 대한 훈련을 해야 합니다.

기도에도 두 가지 측면의 기도가 있습니다. 내적인 기도, 주님과 연합하는 기도, 주님의 음성을 듣는 기도, 교제하는 기도, 주님 안에서 안식하며 친밀함을 나누는 기도가 있습니다. 이러한 기도는 내적인 기도입니다. 이것은 내적인 변화를 일으킵니다.

그러나 바깥쪽의 기도도 있습니다. 이것은 뜨겁고 강렬한 기도입니다. 이것은 원수의 진을 파괴하는 기도이며 성취하고 승리하는 기도입니다.

심령이 부드러운 이들은 바깥쪽의 기도, 전투적인 기도를 싫어합니다. 그들에게 부르짖는 기도를 시키면 졸다가 잠이 듭니다. 그렇기 때문에 그들은 항상 눌리는 것입니다.

또한 심령이 강한 이들은 침묵 기도, 듣는 기도를 하지 못합니다. 그러므로 그들은 성질이 죽지를 않는 것입니다.

이제 이들은 강한 기도를 훈련해야 합니다. 이제는 권능을 받기 위한 기도를 드려야 합니다. 그 원리는 아주 간단한데 긴장을 하고 배에 힘을 주고 강력하게 기도를 하면 되는 것입니다.

연약한 심령의 사람이 강하게 되기 위하여 사용하는 여러 훈련의 방법들은 사실 간단하게 표현하자면 긴장을 시키는 것입니다.
눈도 힘을 주고 긴장시키고 배도 힘을 주고 긴장을 시킵니다. 긴장은 감추어져 있는 것을 끄집어내는 힘이 있습니다.

운동도 일종의 긴장 훈련입니다. 누구나 누워서 가만히 쉬고 있으면 편하지요. 그러나 그것은 몸 자체에는 퇴보를 의미하는 것입니다. 몸의 어떤 기능이든지 사용하지 않으면 그것은 사라지게 되지요. 훈련할수록 강해지는 것입니다.

심령이 약한 이들은 다른 이들이 부르짖는 기도를 하는 것을 보면 몹시 부럽기도 하고 자기에게는 어색하기도 할 뿐 아니라 거부감이 들기도 할 것입니다. 그리고 주위의 강요에 의해서 하려고 시도해도 그렇게 소리가 나오지 않을 것입니다. 그것은 그가 그렇게 힘을 주고 긴장을 하는 습관이 거의 되어 있지 않기 때문입니다.

물론 지나친 긴장은 좋지 않습니다. 그러나 긴장, 그리고 다음에 안식, 그리고 다시 긴장, 또 다시 안식.. 이러한 방향으로 반복되면서 당신의 힘이 증가되며 영혼도 자라간다는 것을 기억하여야 합니다. 긴장을 모르는 이들은 참다운 안식을 얻을 수 없으며 안식을 모르는 이들은 긴장의 능력을 맛볼 수 없습니다.

이 긴장의 권능을 맛보시기 바랍니다. 이 긴장을 훈련하십시오.

기도하면서 온 몸에 힘을 주고 기도하십시오. 당신은 어떤 권능이 당신에게 다가오는 것을 느끼게 될 것입니다.

그것은 악한 영입니까? 오, 천만에요. 그것은 하나님의 영입니다. 그것은 당신에게 권능을 주시려고 오시는 하나님의 능력입니다. 당신은 곧 충만함을 느끼게 됩니다.

하지만 그것은 외적인 능력이며 당신의 내면에 임하시는 것은 아닙니다. 당신은 자신감을 얻게 되겠지만 내적인 변화가 생기는 것은 아닙니다.

그러나 그렇다고 그것이 당신에게 필요 없다는 것은 아닙니다. 오히려 반대로 당신에게는 내적인 변화보다 외적인 권능이 필요합니다. 기질적으로 그러한 부분이 약하기 때문에 더욱 더 당신은 외적인 담대함과 권능이 임하도록 구하고 기다려야 합니다.

주먹을 불끈 쥐고 기도하십시오.

찬양을 드릴 때 입에 힘을 주고 배에 힘을 주고 온 힘을 다하여 부르십시오.

성경을 읽을 때 감정을 넣어서 큰 소리로 외치면서 읽으십시오. 그것은 당신이 성령님의 외적인 권능을 체험하는 데에 큰 도움이 될 것입니다.

또한 평소에도 자주 온 몸에 힘을 주시기를 바랍니다.

어깨에, 팔에, 다리에 자주 힘을 주십시오.

눈을 부릅뜨고 일상에서 자주 힘을 주고 사용하십시오.

힘없이 걷지 말고 당당하게 당당한 자세로 힘을 주고 걷는 것을 훈련해보십시오.

긴장은 당신을 신선하게 만들 것입니다. 무기력하고 유약했던 당신에게 새로운 힘과 강건함을 불어넣어 줄 것입니다.

당신 안에는 주님이 허락하시기 원하시는 무한한 힘이 내재되어 있습니다. 다만 당신이 개발하지 않았고 사용하지 않았던 것뿐입니다.

이제 당신이 그 능력을 꺼내어 사용할 때 당신은 그 힘에 대하여 놀라게 될 것입니다. 그리고 당신에게 임하는 새 힘에 대하여 권능에 대하여 몹시 즐거워하게 될 것입니다.

9. 자신을 표현하기

 지금까지 위에서 언급해온 구체적인 기도와 훈련을 시도해보았다면 당신은 아마 어느 정도의 자유함을 경험하게 되었을 것입니다. 마음의 기분도 바뀌고 자신감도 생기며 조금 유쾌한 마음이 되었을 것입니다.
 그러나 이제는 그것을 삶에 적용하는 것이 필요합니다. 단순히 몸과 영의 상태가 자유롭게 된 것 이상으로 삶 속에서 그러한 자유가 표현되어야 하기 때문입니다.

 영혼이 얇고 약한 이들은 대체로 자기 표현이 서투릅니다. 아주 어려움을 느끼지요. 이들도 다른 사람들에게 자신을 좋게 보이고 싶은 마음은 있지요. 그러나 이들은 자신에 대하여 보여주는 것을 잘 하지 못합니다.
 이들은 쉽게 자기의 생각이나 감정 표현을 하는 이들을 보면 부러워합니다. 심지어 과장까지 섞어서 자신을 선전하는 이들을 보면 비판을 하면서도 그들을 부러워하기도 합니다. 자신은 그것이 쉽지 않으니까요.

 이들은 속에 많은 감동과 생각이 있지만 그것은 어디까지나 속에서만 맴돌 뿐 입의 바깥으로는 나오지 않습니다. 그래서 이러한 사람들 중에 문학이나 글에 재능이 있는 이들이 많습니다. 겉의 표현에 익숙하지 않고 속에 에너지가 집중되어 있다보니 속만 발달하는 것이지요.

하지만 이런 현상은 그리 좋은 것이 아닙니다. 속에는 많은 감동과 생각이 있으나 그것이 바깥으로 나오지 못하는 것 – 그것은 좋지 않지요. 무엇이든지 밖으로 나오는 출구가 없는 것은 썩을 수 있으니까요. 밖으로 표현되지 못하는 감정도 역시 썩을 수 있는 것입니다.

오래 전 청년 시절에 교회에서 그룹 바이블 스타디를 하고 있을 때였습니다.

대 여섯 명 정도의 형제 자매들이 둘러앉아서 주어진 주제를 가지고 대화를 나누고 있었는데 인도자가 어떤 자매에게 간단한 질문을 던진 적이 있었습니다.

그런데 그 자매가 아주 당혹스러워하면서 개인적인 이야기를 해야 하느냐고 거부감을 보이는 것이었습니다. 그런데 그 질문의 내용이 하나도 특이한 내용이 아니었고 아주 평범한, 개인적인 프라이버시와는 거의 상관이 없는 그러한 내용이었습니다.

인도자가 어색한 분위기를 재빠르게 무마하고 지나갔는데 그 때의 자매의 부자연스러운 모습이 아직까지 기억에 남았습니다.
자매는 아름다운 외모에 세련된 모습을 하고 있었는데 그러한 반응은 그녀의 자유롭지 못하고 묶여있는 영혼의 상태를 잘 반영하고 있는 것 같았습니다.

이와 같이 자신을 조금이라도 드러내는 것을 두려워하고 어색해하는 이들은 많이 있을 것입니다. 그들은 상대방이 충분히 마음을 놓을 수 있는 사람인지, 안전한 사람인지 확인하기 전까지는 자신의 마음을 표현하지 않습니다. 그래서 아주 소수의 사람들만이 그가 어떤 사람인지 알게 되지요.

아니 그들을 잘 아는 사람이라고 해도 역시 놀라게 될 것입니다. 왜냐하면 그들은 바깥으로 보이는 것과 많이 다른 모습을 가지고 있으니까요. 그래서 이들은 '막상 알고 보니 보기와 많이 다르다'는 이야기를 듣게 되는 것입니다.

이제 당신은 당신을 드러내고 표현하는 데에 익숙해져야 합니다. 그래서 상상 속의 자기만의 세계에서 성육신을 하는 것처럼 세상으로 나와야 합니다. 그래서 풍성한 구원의 역사를 현실에서도 체험할 수 있기 때문입니다.

그러면 무엇을 어떻게 표현해야 할까요?
표현하는 것 중에서 가장 중요한 것은 자신의 마음, 기분, 느낌, 감정을 표현하는 것입니다. 그것이 가장 중요합니다.
우리는 대화 중에 어떤 사실에 대한 것은 많이 나눕니다. '그 문제 어떻게 되었어요?', '그 사람이 어떻게 하기로 했대요?' 이런 식의 이야기는 많이 합니다. 하지만 이것은 구체적인 사실과 정보를 나누는 것이지 인격과 삶을 나누는 것은 아니지요. 이러한 표현과 대화에는 깊은 기쁨이 없습니다.

그 다음에 많이 나누는 것은 생각이나 의견입니다. '나는 이렇게 생각해요.' 라든가 '그것은 옳지 않아요' 하는 식입니다. 이것은 머리에서 나오는 것이지요. 그러나 이러한 의견의 교환에 대한 대화 역시 우리의 심령을 만족시키지는 않습니다. 사람은 영적인 존재이니까요.

 가장 중요한 표현의 중심은 감정과 마음, 느낌입니다. '나, 지금 마음이 아픈 것 같아요' 라든지 '같이 있으니까 참 기분이 즐겁군요' 라든지 '조금 전의 그 말이 나를 아프게 했는데, 알고 있나요?' 이런 표현입니다.
 이러한 자신의 마음에 대한 표현은 서로의 영혼을 나누는 것입니다. 그런데 이러한 표현과 나눔을 가장 못하는 것이 문제이지요.

 사실에 대한 이야기를 많이 해도 의견에 대한 이야기를 많이 해도 사람은 서로 친해지지 않습니다. 그러나 마음과 감정을 나누게 되면 사람들은 금방 하나가 되고 친밀해집니다. 그러나 감정은 사람들이 가장 잘 나누지 못하는 표현이며 대화입니다.
 우리는 다른 사람이 어쩌다가 감정을 나눌 때 잘 받아주어야 하며 우리도 그러한 표현에 익숙해져야 합니다. 그러한 대화는 아주 짧은 대화를 나누었다고 하더라도 마음에 만족감을 줍니다.

 우리는 우리의 마음이 상대방의 말에 의해서 상했을 때에 그것을 말해야 합니다. 대부분의 심령이 약한 이들은 속으로만 상처를 받고 그것을 입으로 표현하지 않습니다. 그래서 관계는 깨어지게 되고 상처는 깊어지게 됩니다.
 차마 그러한 말을 할 용기가 없지요. 그런 표현을 하게 되면 상대방이 화를 내지 않을까 걱정이 되기 때문입니다.
 하지만 조심스럽게 그렇게 자신을 표현하게 되면 막상 상대방은 자신을 공격할 의도가 없다는 것을 알게 될 것입니다. 상대방은 아주 미안해하게 되지요.

물론 그러한 표현에는 상대방에 대한 분노와 비난을 담아서는 안 됩니다. 다만 솔직하고 부드럽게 그 말이 자신에게 아픔이 된다는 것을 드러내는 것이 좋습니다.

그럴 때 대부분의 사람들은 사과를 하게 됩니다. 물론 전혀 반성의 기미가 없는 이들과는 조금 거리를 두어야 하겠지요.

자신을 잘 표현하지 못하는 사람은 고독하게 살게 됩니다. 언젠가는 누군가 자신을 잘 알아주는 사람이 나타날 것이라고 생각하지만 그런 사람은 없습니다. 표현하지 않는 사람의 마음을 아는 이는 오직 주님 밖에 없지요. 그리고 주님도 우리에게 사랑의 표현을 받고 싶어하십니다.

우리는 주님과 누구보다도 더 가까워야 하지만 그래도 세상에 살면서 마음을 같이 나눌 수 있는 사람이 없다면 그것은 슬픈 일입니다.

남들이 자신의 마음에 대하여 전혀 모르고 있다는 것은 비극적인 일입니다. 심지어 자신에게 많은 상처를 주었고 지금도 주고 있는 사람이 그 사실을 모르고 있다는 것은 정말 비극적인 일입니다.

상대방은 당신을 좋아하며 당신을 좋은 친구라고 생각합니다. 그러나 당신은 상대방에 의하여 받은 상처를 마음 깊숙이 간직하고 있습니다. 그것은 정말 비극적인 관계입니다.

목회를 하고 있었을 때 하루는 어떤 자매가 생각이 나서 전화로 상담과 교제를 나누었는데 자매가 울 듯이 기뻐하는 것이었습니다. 그 자매는 나와 너무나 이야기가 하고 싶었습니다. 그러나 그렇게 요청할 용기가 없었습니다.

그래서 그녀는 주님께 기도했습니다. '오, 주님.. 제발 우리 목사님께 말씀해주셔서 저에게 전화를 하게 해주세요.' 라고요. 그랬기 때문에 내가 전화를 하자 기도응답으로 생각하고 너무나 기뻐했던 것입니다.

이것은 참으로 안쓰러운 일입니다. 나는 그녀에게 도움이 필요할 때는 가능하면 주님께 이야기하지 말고 직접 나에게 이야기하라고 말했지요. 입이란 말하라고 만들어진 것이기 때문입니다. 그녀는 내가 목회를 하고 있는 교회의 성도였으니까 내가 돌보아 주고 상담을 해주는 것이 당연한 일이었기 때문이지요.

자신이 직접 표현을 하기 곤란한 이유가 있는 것이 아니라면 직접 표현을 하는 것이 자연스러운 일입니다. 우리가 할 수 없는 것은 주님께 부탁을 해야 하지만 우리가 할 수 있는 일은 우리가 하는 것이 좋은 것입니다.

내성적인 아내가 있습니다. 그녀가 생일이 되었습니다. 그녀는 남편이 어떻게 반응할까 기대하고 기다립니다.

그러나 남편은 일이 바빠서 잊어버렸는지 아무 소식이 없습니다.

그녀는 상처를 받습니다. 그리고는 기다립니다. 얼마나 지나면 기억을 할까 그녀는 기다립니다.

그러나 시간이 계속 지나도 남편은 반응이 없습니다. 그녀는 점점 더 화가 나게 됩니다.

그런데 이런 식의 사람들이 참 많습니다. 그리고 그것은 정말 쓸데없는 일입니다.

다른 사람의 잘못 때문에 자신이 속을 태우는 것은 어리석은 일입니다. 사람이 살다보면 잊어버릴 때도 있지요. 그런 경우에 속이 상하면서도 아무렇지도 않은 듯이 행동하는 것은 거짓입니다. 그래서는 영혼이 상하고 망가집니다. 그것은 주님을 따르는 이의 할 태도가 아닙니다.

그럴 때는 먼저 이야기하는 것이 좋지요.
"제 생일인데 잊으셨군요?"
라고요. 자신이 기억을 못할 때는 할 수 없지만 알고 있는 것은 이야기하는 것이 좋습니다.

자신이 이야기를 하지 않아도 상대방이 알아서 다 할 것이라고 생각하는 이들은 평생을 상처받으며 살아야 합니다. 사람이란 표현되지 않는 것을 이해하지는 못하는 존재이니까요. 그러한 이들은 인간과는 결혼을 포기하고 주님과만 살아야 합니다.

자유롭고 풍성한 삶을 살기 위하여 자신의 마음을 표현하는 훈련을 하십시오.
당신의 삶 속에서 당신의 감정을 드러내십시오.
나쁜 감정이 쌓여서 폭발할 수준이 되어야 만이 평소에 하고 싶은 이야기를 쏟아내지 말고
날마다 순간마다 자신의 마음을 자연스럽게 표현하십시오.

자신의 감정에 대하여 정죄하지 마십시오.
어떤 감정이든 그것은 이유가 있어서 생긴 것입니다.
그것을 부끄러워하지 말고 억압하지 마십시오.

자신을 표현하고 자신의 감정을 드러내고 날마다 그렇게 살아갈 때 당신은 새로운 자유의 세계를 경험하게 될 것입니다.
당신의 감정이 묶여 있지 않고 밖으로 나오게 되면 당신의 마음은 자연히 밝아지게 됩니다.

부디 자연스럽고 편안한 마음과 삶을 유지하십시오.
그럴 때 당신은 천국이 저 멀리 있는 것이 아니라는 것을
깨닫게 될 것입니다.

10. 거절하기

모든 사람은 자유로운 인격을 가지고 있습니다. 주님께서는 우리를 지으실 때 자유로운 선택권을 우리에게 주셨으며 그것을 존중하십니다.

그러므로 우리는 자유롭게 우리의 원하는 것을 선택할 수 있습니다. 무엇을 원할 것이며 무엇을 거절할 것인가를 선택할 수 있습니다. 그것이 우리의 자유입니다.

그러나 심령이 약한 사람은 거절하는 것을 어려워합니다. 심령이 약한 사람은 자기 표현도 어렵지만 거절하는 것은 더 힘들어합니다.

그래서 그들은 자기의 인생을 살지 못하며 남의 인생을 삽니다. 다른 사람의 요구를 들어주기 위하여 마음에도 없는 자기가 좋아하지도 않는 삶을 삽니다.

그것은 기쁨이 없는 비참한 인생이기도 하거니와 우리를 이 땅에 보내시고 사명을 주신 주님의 뜻에도 부합되지 않는 삶입니다.

심령이 약한 사람은 여러 가지 이유로 거절을 하지 못합니다. 상대방과의 관계가 손상되는 것이 두려워서 거절을 하기도 합니다. 상대방이 비난할 까봐 그의 요구를 들어주기도 합니다.

심령이 약한 사람은 대체로 그를 노예로 부리기를 좋아하는 사람과 단짝이 되는 경향이 있습니다. 그래서 희생적으로 상대방의 여러 가지 요구를 들어주곤 하는데 그러다가 무슨 일이 있어서 한 가지를 해주지 못하면 이기적인 사람이라고 욕을 먹기 마련입니다.

 또한 죄책감 때문에 거절하는 것이 어렵기도 합니다. 모처럼 열심히 거절을 했다가도 헤어져 혼자 있으면 자신이 너무 매몰찬 것이 아닐까 걱정합니다. 자기는 너무 사랑이 없으며 희생이 부족하고 인내가 부족한 것이 아닐까, 주님을 신실하게 사랑하고 섬긴다면 이 정도의 수고는 해야하지 않을까 하고 고민합니다.
 물론 그것은 옳은 판단이 아닙니다. 주님께서 산상수훈에서 말씀하시기를 네게 구하는 자에게 거절하지 말며 오리를 가게 할 때 십리를 동행하라고 말씀하신 것은 상대방을 섬기는 삶을 살라고 말씀하신 것이지 본인이 원하지 않는 것을 억지로 하라는 의미가 아닙니다. (마 5:40-42)
 모든 그리스도인들이 그렇게 모든 이들의 요구를 들어 준다면 아마 삶 자체가 가능하지 않을 것입니다.

 심령이 약한 이들은 거절하는 것이 몹시 어렵습니다. 한번 거절을 하려면 정말 결단이 필요합니다.
 그들은 자신이 오래동안 스트레스가 쌓여서 화를 내기 전까지는 거절하지 못합니다.
 화를 내어야 비로소 거절이 가능한 이유는 그들이 평소에 거절하는 것은 전혀 효과가 없기 때문입니다. 그들의 말에는 권위가 없습니다. 그러니 상대방이 그들의 말을 인정해주지 않고 다시 계속 반복하여 조르면 이들은 할 수 없이 그 요구를 들어주는 것입니다. 물론 다시 집에 오면 속이 상하게 됩니다.

왜 이들은 남의 말에 끌려 다닐까요? 자신의 이야기를 관철시키지 못할까요? 집에서 혼자 있을 때는 분명히 이렇게 말해야지.. 하고 생각을 하고 있었는데 막상 그 상황이 되면 다 잊어버리는 이유는 무엇일까요?

나는 그것이 자신의 영이 상대방의 영에게 제압을 당한 것이라는 이야기를 앞에서 했었습니다. 그것은 영이 약하기 때문입니다.

어떤 의견을 가지고 두 사람이 부딪치는 것은 마치 팔씨름을 하는 것과 같습니다.

팔씨름을 할 때 힘이 약한 사람은 상대방의 손에 팔이 잡혀서 손을 일으켜 세울 수가 없습니다. '아. 손을 일으켜야 하는데. 상대방의 손을 눌러야 하는데..' 마음은 그렇지만 막상 자신의 손은 꼼짝도 못 하고 눌려서 결국은 땅에 닿게 됩니다.

이것이 그 사람의 의지가 부족해서 인가요? 아닙니다. 팔에 힘이 없기 때문에 아무리 머리로 온갖 생각을 하고 계산을 해도 팔은 말을 들어주지 않습니다. 거절도 이와 같습니다.

자신의 영혼의 힘이 상대방보다 약한 사람은 상대방의 요구나 말을 거절할 수가 없습니다. 그것은 영혼의 문제이며 나이나 사회 경험이나 직장에서의 직위 문제가 아닙니다.

심령이 약한 남편들은 바깥에서 스트레스를 많이 받고 집에 들어 옵니다. 그들은 도대체 직장 생활이 힘들어서 견딜수가 없다고 하소 연합니다.

그저 먹고 살 길만 있다면 직장을 그만 두면 얼마나 좋을까 하고 생각합니다. 그저 교회에서 하루 종일 기도만 하고 예배만 드리면 얼마나 팔자가 좋을까 하고 생각합니다. 물론 그것은 영이 약하기 때문입니다.

어떤 이들은 직장에서 상사가 너무 괴롭히기 때문에 힘들다고 생각합니다. 그들은 자기가 직위가 낮기 때문에 어쩔 수 없이 당할 수밖에 없다고 생각합니다.

그러나 그럴까요? 그것은 직위의 문제가 아니라 영적인 힘의 문제입니다.

심령이 강한 사람은 당차고 당당합니다. 그들은 나이가 위이거나 직장에서의 위치가 높은 사람도 어딘가 함부로 하기 어려운 어떤 힘을 가지고 있습니다.

어떤 이가 강력한 영적 에너지를 가지고 있다면 아무도 그를 함부로 할 수 없습니다. 직장의 상사라고 하더라도 그에게 함부로 하게 되면 심령이 서늘하고 죄어드는 것 같이 불안하게 느껴집니다. 그것은 그들이 영혼의 힘에서 밀리기 때문입니다. 그것은 외적인 조건에 속한 문제가 아닙니다.

그러므로 영혼의 힘이 약하고 권위가 없는 이들은 직장에서든 가정에서든 눈치만 보고 눌려서 살아야 합니다. 그것은 영력의 문제이지 환경이나 지위나 나이 등의 조건의 문제가 아닙니다.

상사라고 하더라도 영의 힘이 약하면 부하 직원들에게 수모를 겪어야 합니다. 부모라고 하더라도 영의 힘이 약하면 자녀들에게 눌려 살아야 합니다. 그것은 영적인 힘의 문제입니다.

어떤 부모는 조용하게 부드럽게 이야기를 해도 자녀들이 순종합니다. 어떤 부모는 화를 내기도 하고 온갖 협박을 하고 애원을 해도 자녀들에게 도무지 먹혀 들어가지 않습니다. 그것은 영적인 힘의 문제입니다.

눈의 기도와 훈련, 배의 호흡기도를 통한 충전, 부르짖는 기도와 발성을 통한 훈련, 등을 어느 정도 하게 되면 영적인 힘이 많이 생긴 것을 느끼게 됩니다. 그러므로 전에는 자신에게 함부로 하던 사람이 함부로 대하지 못하는 것을 느끼게 됩니다.

나는 그렇게 인간 관계에서 어려움을 겪던 이들이 그러한 영성훈련을 어느 정도 하게 되자 많은 변화를 경험하게 되었다는 간증을 많이 들었습니다. 전에는 함부로 대하며 말도 잘 듣지 않던 부하 직원들이 잘 컨트롤 되더라는 이야기도 들었습니다.

영혼의 힘이 쌓여지게 되면 더 이상 거절하는 것이 어렵지 않습니다. 그리고 더 이상 사람들이 두렵지 않으며 남들에게 눌려서 사는 삶은 없습니다. 그러므로 사람들을 만나거나 대하는 것이 부담이 되지 않고 즐겁게 됩니다.

이제 영혼의 힘을 키우는 것이 얼마나 중요한 것인지를 다시금 느꼈을 것입니다. 그러나 영혼의 힘이 어느 정도 강해졌다고 하더라도 오래 동안의 습관으로 인하여 거절을 하지 못하고 살고 있는지도 모릅니다.

그러니 영혼의 힘이 어느 정도 생겼다면 그 힘을 삶 속에서 사용해야 합니다.

우리가 다른 사람의 모든 요구에 대하여 거절하는 것은 아닙니다. 그러나 무엇을 선택해야 할지 그것을 결정하는 것은 우리 자신이어야 합니다.

우리는 어떤 사람이 우리에게 무례한 자세로 무엇을 요구할 때 그러한 요구를 들어 주어서는 안됩니다. 우리는 우리를 존중하지 않는 사람의 종이 될 필요는 없습니다. 그것은 자신을 무시하는 것입니다. 우리는 핍박을 받을 수는 있으나 무시당해서는 안 됩니다. 핍박과 무시는 다릅니다.

주님께서 주님을 간절히 부르는 가나안 여인을 개와 비유하며 굴욕적인 시험을 하신 것은 그 여인의 간절함을 테스트하기 위한 것이었습니다. 그 여인은 겸손한 자세로 그 시험을 통과하였으며 주님은 그것을 기뻐하셨습니다. (마 15:22-28)

우리도 주님과 같이 사람을 시험할 필요는 없을 것입니다. 그러나 우리는 우리에 대한 존중과 예의가 부족한 이들을 도와서는 안 됩니다. 그것은 스스로를 비하시키는 것이며 그것을 사랑이나 자기부인이라고 생각해서는 안 됩니다.

우리는 사람의 종이 되어서는 안 됩니다. 우리는 오직 주님의 종이 되어야 합니다.

우리가 사람의 종이 된다면 우리는 주님을 잘 섬길 수 없을 것입니다.

어떤 사람이 무엇을 우리에게 요구할 때 주님이 그것을 기뻐하지 않으신다면 우리는 온 세계가 반대해도 주님의 뜻을 선택해야 합니다. 그것이 우리의 자세입니다.

주님은 우리를 지으셨습니다. 그리고 우리를 위하여 죽으셨습니다. 그러므로 우리는 오직 주님만이 우리의 주인이며 주를 따르고 순종할 때만이 자유와 행복이 있음을 압니다.

그 놀라우신 주님이 우리에게 선택권과 자유를 주셨습니다. 그분은 우리의 인격을 존중하시고 억압하지 않으십니다.

그러므로 우리는 우리의 의지를 오직 주님께 드려야 합니다. 그리고 주님이 허락하시는 감동과 소원을 따라 살아가야 합니다.

그 감동과 소원이 다른 사람의 요구와 다를 때 우리는 주님의 감동을 선택해야 합니다. 그러므로 거절을 할 수 있는 사람만이 주의 길을 잘 걸어갈 수 있습니다.

많은 이들이 선하지만 심령이 강하지 않습니다. 그들은 주님과 사람 사이에서 고민하기만 하고 담대하게 걸어가지 못합니다. 그러나 우리는 강한 사람이 되어서 선택이 분명해야 하며 우리의 의사를 분명하게 할 수 있어야 합니다.

주님만이 우리의 삶을 인도하시고 주장하십니다. 우리는 사람에게 끌려가서는 안 됩니다.

그러므로 거절할 수 있는 영권을 얻으십시오.

그것을 훈련하십시오.

그리하여 자신의 삶을 스스로 결정하고 선택할 수 있는 자유를 누리시기 바랍니다. 그리고 그것이야말로 진정한 풍성한 삶인 것입니다.

11. 생각과 감정과 의지의 훈련

 진정한 자유인은 자신의 생각과 감정과 의지를 자유롭게 사용하는 사람입니다. 그는 원하는 생각을 할 수 있으며 원치 않는 생각을 금할 수 있으며 원하는 감정을 가질 수 있고 원치 않는 감정을 버릴 수 있으며 하고 싶은 것을 하고 하기 싫을 것을 거절할 수 있습니다. 그리고 그것이 자유입니다.

 그러나 영혼의 껍질이 얇고 약한 사람은 그러한 자유를 잘 누리지 못합니다. 그는 자신의 생각과 감정과 의지를 다스릴 줄 모릅니다. 그러므로 그것에 의하여 끌려 다니며 삽니다. 다른 사람에게 끌려 다닐 뿐만 아니라 자신 안에 들어온 느낌에 의해서도 끌려 다닙니다. 그것이 언제 어디로 가고 어떻게 변화되는 줄도 모르면서 말입니다.

 생각과 감정은 외부에서 우리 안에 들어옵니다. 영혼이 약하면 이것을 분별할 수 없으며 그렇게 외부에서 영향을 받고 들어온 생각과 느낌을 따라서 살게 됩니다. 그것은 일관성을 상실하게 합니다. 그 때 그 때 상황에 따라서 기분이 왔다 갔다 하게 된다는 것이지요.
 물론 그러한 일관성의 상실은 아무런 열매도 맺지 못하게 합니다. 집을 지으려면 꾸준하게 벽돌을 쌓아야 합니다. 그러나 오늘 벽돌 한 개 갖다놓고 내일은 다른 곳으로 돌아다니고.. 그렇게 해서는 집을 지을 수 없습니다. 혹시 집을 지었다 해도 그 때는 이미 집이 필요 없는 상황이 되어 있을 것입니다.

 진정한 자유인이 되기 위해서 이제는 생각과 감정과 의지를 다스리고 관리하는 훈련이 필요합니다.
 물론 그 전에도 그러한 필요성은 느꼈을 것입니다. 그러나 영혼의 힘을 기르고 영혼의 껍질을 두껍게 하는 방법을 알지 못하면 그러한 노력은 좌절로 끝이 날 뿐입니다. 그러나 이제 어느 정도 이 훈련을 통하여 영혼의 힘이 강건해졌다면 이제는 충분히 훈련을 통해서 생각과 감정과 의지를 다스릴 수 있습니다. 그것은 정복을 위한 전쟁입니다.

 가나안에 있는 일곱 부족은 우리 안에 있는 정복되지 않는 여러 욕심들, 음란성, 혈기성.. 등의 악을 상징적으로 의미하는 것입니다. 사람들이 고통을 겪고 있는 것은 환경이 아니라 자신의 안에 있는 악들을 정복하지 못했기 때문이며 그것은 생각과 감정과 의지를 다스릴 힘이 없기 때문입니다.
 그러므로 영적인 가나안 전쟁은 우리 안에서 날마다 일어나고 있는 것입니다. 이 전쟁에 승리하는 것이 쉬운 것은 아니지만 우리가 바른 영적인 지식을 가지고 있고 또 사용하며 훈련한다면 그리 불가능한 것만은 아닙니다.

 영혼이 약한 사람은 자주 혼란스러운 생각에 사로잡혀 있습니다. 그들은 어두움의 영들이 주는 상념에 빠져 있습니다. 문학을 하고 글을 쓰는 많은 이들의 글이 어둡고 기괴한 것은 그들이 어두움의 영들이 주는 상념에 사로잡히기 때문입니다. 영의 세계를 알지 못하는 이들은 영들의 꼭둑각시에 불과한 것입니다.

　사소한 것에 집착하고 거기에서 벗어나지 못하며 아주 작은 일로 인하여 마음의 평화를 잃어버리는 것은 생각을 다스리지 못하는 이들의 공통된 증상입니다. 그들은 아무 것도 아닌 일에 흥분하고 분노하고 좌절합니다. 생각의 문을 열고 닫을 수 있다면 그들은 거기에서 벗어날 수 있을 것입니다.
　영혼이 훈련되었을 때 그들은 생각을 다스릴 수 있습니다. 그들의 눈은 선명해집니다. 그러면 어둡고 우울한 상념들이 들어올 수 없습니다. 반항적이고 공격적이며 비정상적인 생각들은 이미 어두움의 기운에 잡혀 있는 결과입니다.

　영성의 사람은 생각을 분별하고 훈련해야 합니다. 어두움의 상념들, 평화를 잃어버리게 하는 생각들을 분별하고 대적해야 합니다.
　마음이 우울하고 생각이 복잡하다가 악한 영들을 대적하므로 순식간에 머리가 맑아지는 것은 흔하게 있는 일입니다. 이러한 경험을 반복하게 되면 생각은 곧 싸움판이며 여기에서 승리하는 사람만이 참다운 행복과 자유를 누릴 수 있다는 것을 깨닫게 됩니다.

　생각의 다스림은 예수 그리스도의 이름으로 악한 생각을 넣어주는 영들을 물리치고 영혼의 힘이 강해졌을 때 가능한 것이지 자기 개인의 노력으로 가능한 것이 아닙니다. 그래서 많은 이들이 이 전쟁에서 지고 노예가 됩니다. 그러나 그리스도께 속한 영성인들은 그것을 분별할 수 있으며 그들에게는 그것이 그리 어려운 일이 아닙니다.

감정의 혼란도 영혼이 약한 이들의 대표적인 증상입니다. 그들의 감정은 수시로 변화됩니다. 마치 봄바람과 같습니다. 그들은 감정을 잘 표현하지도 못하며 자신의 감정에 대한 죄책의식이 많습니다.

감정이 움직일때 그들은 활력이 넘치지만 그것이 사라지면 그들은 모든 의욕을 잃고 시들해집니다. 그러므로 이들에게 무엇인가 일을 맡긴다는 것은 재앙과 같은 것입니다. 이들은 상황이 어렵게 되면 책임을 지는 것보다는 도망을 치는 것을 좋아하기 때문입니다.

감정은 사람에게 있어서 지성소와 같은 것입니다. 감정의 가장 깊은 곳에는 사람의 생명의 원천이며 영혼의 중심이 되는 부분이 있습니다.

이 감정의 중심, 영혼의 중심은 사람에게 가장 중요한 곳입니다. 이곳은 궁궐과 같습니다.

그러나 영혼이 얇고 약한 사람은 이 궁궐이 너무 바깥에 가깝게 있습니다. 그래서 바깥의 침입을 자주 받으며 불안합니다.

바다 속 깊은 곳에는 고요의 바다가 있습니다. 그 깊은 속에는 외부의 빛이나 요란함이 접근할 수 없습니다. 그곳은 오직 고요할 뿐입니다.

사람의 중심인 감정도 이와 같이 고요하고 깊은 궁궐이어야 합니다. 그러나 이 궁궐이 너무 노출되어 있는 약한 영혼들은 그래서 삶이 불안하고 피곤한 것입니다.

쉽게 느끼고 쉽게 감동을 하는 약한 영혼들은 이제 자신의 감정을 지켜야 합니다. 다스려야 합니다. 영혼의 힘이 길러졌다면 그것은 이제 원하기만 한다면 다스릴 수 있습니다. 이제는 순간의 충동으로 무엇인가를 결정하고 나중에 후회를 하는 것을 반복해서는 안 됩니다.

　어떠한 감정이 밀려들어 올 때 이제는 감정에 문을 만들어야 합니다. 그리고 이것이 내 안에 와도 괜찮은 지에 대해서 충분히 숙고하고 기도해야 합니다. 이제는 더 이상 바깥의 물결에 영향을 받아서는 안됩니다.

　감정은 일단 우리 안에 들어오면 그것이 바른 것인지 아닌지에 상관없이 그 생명을 주장합니다. 그러므로 악하고 혼란스러운 감정을 받아들여서는 안 됩니다.

　다른 이들의 분노에 함부로 참여해서도 안 됩니다. 자기 방어를 하지 않은 상태에서 남의 푸념을 계속 들어주고 있을 때 그것도 어두움의 기운을 자기의 인생과 운명에 받아들이고 있는 것입니다. 그러므로 안에서 보호막을 쳐야만 합니다.

　주님께 속하지 않은 감정은 우리에게 속박과 집착을 줍니다. 사람들은 이성의 사랑에는 당연히 집착과 잃어버릴 것에 대한 염려와 각종 열병이 따르는 것으로 생각하지만 그러한 것들은 그들의 감정이 어두운 영들에게 지배를 받고 있기 때문입니다.

　그것은 악한 영들에게 마음을 빼앗긴 결과일 뿐입니다. 주님께로부터 온 애정은 그처럼 불안하고 속박이 따르는 것이 아닙니다. 그것은 진정 자유롭고 밝고 맑은 사랑입니다.

　주님으로부터 지배를 받고 영혼이 훈련된 이들에게 감정은 자유롭고 풍성한 삶의 행복입니다.

　감정이 어두움의 영역에서 벗어나 빛의 영역으로 오게 되면 우울하고 어두운 감정이 더 이상 떠오르지 않습니다. 환경이 비참하고 상황이 어려워져도 그 마음의 평화가 잘 깨지지 않으며 자동적으로 감사와 기쁨이 올라오게 됩니다. 물론 그러한 승리자들은 아주 소수에 불과하지요. 대체로 영적인 전쟁에 대하여 피상적으로 이해하고 있기 때문입니다.

그러나 우리가 영혼의 힘을 기르고 분별력을 기르며 감정을 관리하고 다스려 간다면 우리는 곧 빛의 영역 속에서 놀라운 평화와 기쁨을 맛볼 수 있습니다. 그것은 그리 먼 길이 아닙니다.

진정한 자유를 위해서 무엇보다 더 중요한 것은 의지의 자유입니다.

생각이 묶여 있는 것도 비참하고 감정이 묶여 있는 것도 비참하지만 무엇보다 더 비참한 것은 묶여 있는 의지입니다. 그는 자신의 원하는 것을 하지 못하며 노예처럼 묶여서 꼼짝도 하지 못합니다.

하지만 이것도 역시 특별한 증상은 아닙니다. 힘이 없어서 움직이지 못하는 것뿐이니까요. 누군가가 우리의 팔을 꽉 잡고 있는 데 우리가 힘이 없다면 그 팔을 뿌리치지 못하는 것과 같은 것입니다. 그러니 힘을 기르면 충분히 그 팔을 뿌리치고 우리의 길을 걸어갈 수 있는 것입니다.

영혼이 약한 이들은 의지가 약해서 무엇이든지 쉽게 결정을 내리지 못합니다. 그리고 어렵게 결정을 내린 후에는 또 많이 후회합니다.

쇼핑을 할 때에도 이들은 수없이 갈등하고 고민합니다. 그리고 그렇게 하여 간신히 하나를 선택한 후에는 집에 가서 하루 종일 후회합니다. 왜 바로 옆에 있는 것을 고르지 않았는지 계속 번민합니다.
　그들은 다시 가서 자기가 산 물건을 바꾸어 달라고 조르는 경향이 있는데 조금 있으면 마음이 바뀌어서 다시 전의 것으로 달라고 요구하는 것입니다.

　그러니 이러한 이들이 인생을 피곤하게 사는 것은 당연합니다. 물건 하나에도 그러니 결혼과 같은 문제는 어떨까요. 아마 수없이 방황하고 헤맨 끝에 어떤 이와 결혼을 결심하게 되며 결혼을 한 후에는 '내가 미쳤지, 이 사람과 왜 했을까..' 후회하며 '그 때 그 사람과 했으면 어땠을까..' 하고 공상 속에서 평생을 살게 되는 것입니다. 정말 피곤한 인생이지요.

　영혼의 기능을 강하게 훈련한 후에 우리는 이 의지를 굳건하고 분명한 것으로 바꾸는 작업을 시작해야 합니다. 무엇이 좋은지 싫은지 분명하게 결정하고 책임을 지는 훈련을 해야합니다. 의지가 약하면 도대체 자신이 좋아하는 것이 무엇인지도 모르게 되니까요. 하도 남의 말만 믿고 자신은 믿지 않았기 때문입니다.

　그러니 누군가가 '당신은 이걸 좋아해' 하면 '아, 그렇구나. 나는 그것이 좋은 모양이구나' 하게 되는 것입니다. 누군가를 열심히 좋아하다가도 '정말 내가 그 사람 좋아하는 것 맞나..' 하고 생각하는 경향이 있는 것입니다.
　이런 사람은 나중에 상황이 나빠지면 '내가 언제 그랬냐'는 식으로 오리발을 잘 내미는 경향이 있습니다. 정말 나는 그렇게 말한 적이 없다고 자주 이야기하지요. 그러니 정말 정신 없이 사는 것입니다.

그러므로 의지를 굳건하게 하는 훈련으로 자신이 무엇을 좋아하는지, 선택할 것인지, 그것을 먼저 분명하게 하는 것이 필요합니다. 그리고 한 번 선택한 것은 후회하지 말고 책임 전가를 하지말고 자기 스스로가 책임을 지는 것이 필요합니다.

자신이 무엇을 선택했다가도 상황이 나빠지면 남을 원망하거나 책임을 다른 이에게 돌리는 사람은 의지가 약한 사람이며 스스로 자신을 피동적으로 만드는 것입니다. 그러니 원망을 자주 하는 사람은 악한 영들에게서 벗어날 수가 없습니다.

그러니 남을 의지하지 말고 남에게 물어보지 말고 스스로 무엇인가를 결정하십시오. 당신이 어떤 정보를 얻기 위하여 다른 사람의 지식을 빌릴 수는 있어도 결정은 당신이 해야합니다.

의지를 강하게 훈련하기 위해서 처음에는 작은 목표를 세우는 것이 필요합니다. 너무 쉬워서 부담없이 할 수 있는 것을 목표로 세우십시오. 처음에 큰 결단을 시작하면 나중에는 따라갈 수가 없습니다. 운동을 하기 위하여 처음부터 히말라야 산맥을 등정하겠다고 하는 사람은 조금 있으면 거실에서 베란다에 가는 것도 싫어하게 됩니다.

아주 쉬운 목표를 선택하십시오. 기도를 하는 것이 목표라면 처음에 1시간씩.. 그렇게 하지 마십시오. 3분에서 5분.. 그 정도로 하십시오. 하지만 분명한 것은 그렇게 한번 결심한 것은 꼭 한다는 마음으로 해야합니다.

자녀들을 잘 통제하지 못하는 어머니들은 자녀들에게 무시무시한 협박을 많이 합니다. 하지만 전혀 먹혀 들어가지 않지요. 자녀들은 그러한 말들이 실제의 행동으로 나타나는 일은 거의 없다는 것을 잘 알고 있기 때문입니다.

하지만 전혀 화를 내지 않고 부드럽게 이야기해도 어머니가 한 번 이야기한 것은 꼭 지키는 사람이라고 알고 있는 아이들은 그 말에 순종하게 됩니다. 결국 말의 권위를 세우는 것은 흥분과 협박이 아니고 일관성이며 그것을 세우는 것은 자기 자신이라고 할 수 있는 것입니다.

처음에는 아주 작은 목표를 세웁니다. 그러나 그 작은 일에 성취와 성공을 체험한다는 것은 작은 일이 아닙니다. 그것은 새로운 인생, 새로운 일기를 쓰는 것과 같습니다. 그것은 새로운 삶을 향한 거대한 발자국입니다.

영혼이 약한 사람은 어려운 일이 있거나 하기 싫은 일이 있으면 다른 곳으로 도망을 잘 갑니다. 그래서 도박 중독이나 알콜 중독이 많은 것입니다. 그들의 특성은 하나같이 의지가 약한 것이며 겁이 많은 것입니다. 최대한 도망을 치다가 나중에 더 이상 버틸 수 없는 상황이 오면 좌절하고 낙담하는 것입니다. 불신자는 자살을 하려고 하겠지요.

하지만 이제 의지를 훈련할 때 이에 반대로 도망치는 것이 아니라 공격적인 자세가 필요한 것입니다. 먼저 자기가 어려워하고 힘들어 하는 것에 도전을 하는 것이지요.

물론 이 싸움은 단순히 의지의 싸움이 아니라 영적인 전쟁입니다. 모든 묶임에는 누군가 묶고 괴롭히는 존재가 있는 것이지 우리 스스로가 묶는 것이 아닙니다. 그러니 의지가 약하고 환경에서 도피하는 이들은 다 영적 전쟁에서 패한 패잔병인 것이지요. 그들의 의지를 누르고 있는 악한 영들에게 속고 당하고 있는 것입니다.

그러나 영혼이 두껍고 강해지며 무기를 얻게 되면 이제는 싸우고 싶어집니다. 모세가 살아남기 위해서 광야로 도망갔다가 주님의 영광스러운 임재를 경험하고 그 영혼이 강건해지자 다시 싸우려고 되돌아간 것과 같은 것이지요.

처음에는 아주 작은 것에서부터 정복 전쟁을 시작하십시오. 그러면서 점점 더 당신을 괴롭히고 있는 것들을 향해서 전쟁과 진격을 계속 하십시오. 적군들은 당황하게 될 것이며 막상 우리가 전의를 불사르고 있으면 그들은 도망하기에 급급하게 될 것입니다. 왜냐하면 귀신들은 이미 십자가에서 패배한 적이며 우리 안에는 영적인 권세가 있기 때문입니다.

일을 시작하기 전에 호흡기도를 통하여 영적 충전을 얻으십시오. 눈을 선명하게 뜨고 힘을 받으십시오. 그리고 일에 도전하십시오.
자신이 도피하는 일은 누구에게나 있습니다. 그리고 거기에 대한 패배감은 누구에게나 있습니다. 그러나 이제 그러한 것들과 전쟁을 시작하고 하나씩 정복하기 시작할 때 그것은 놀라운 자유함의 시작이 되는 것입니다.

자신이 무엇인가를 결정하고 마음먹은 대로 할 수 있다는 것은 정말 놀라운 해방이며 자유입니다. 그리고 주님께서는 우리에게 그러한 자유를 주기 원하십니다.

의지가 자유롭게 되는 것 그것은 진정 축복입니다. 그것은 새로운 삶의 시작이라고 할 수 있습니다.

어떤 이들은 생각이 참으로 어둡고 복잡합니다. 그들은 한숨을 쉬면서 말하기를 다른 이들은 너무 세상을 쉽게 살려고 한다고 합니다. 아무런 생각 없이 산다고 합니다. 그러나 자신은 너무 신경을 쓸 것이 많다고 합니다.
그들은 옳아 보이지만 그들의 생각이 묶여 있는 것입니다. 그들의 생각이 어두움의 기운에 눌려 있기 때문입니다.
어떤 이들은 세상이 너무 슬프다고 합니다. 너무 우울하고 불안하다고 합니다. 물론 감정이 묶여 있으며 눌려 있기 때문입니다.
어떤 이들은 세상을 사는 것이 너무나 힘이 든다고 합니다. 자기에게 주어진 의무와 부담이 너무 커서 사는 것이 지옥이라고 합니다. 물론 이들은 의지가 묶여 있는 것입니다.
그러므로 생각과 감정과 의지가 묶여 있는 사람은 살아도 살아있는 것이 아닙니다. 그것은 시체와 같이 비참한 삶입니다.

주님께서는 우리에게 풍성하고 자유로운 삶을 주시기 원하십니다. 그러므로 우리는 그러한 자유로운 삶을 받고 누려야 합니다. 그리고 그 비결과 원리는 영혼의 강건함에 있습니다.
당신의 영혼을 계속 강건하게 훈련하십시오. 그리고 그 힘에 기초해서 당신의 생각과 감정과 의지를 굳건하게 훈련하십시오. 당신은 자유롭게 될 것이며 예전에 알지 못했던 승리의 삶을 누리고 경험할 수 있게 될 것입니다. 할렐루야!

12. 영혼이 약한 이들과 깨어짐

깨어짐에 대한 가르침은 자주 들을 수 있는 가르침입니다. 많은 설교와 많은 경건 서적에서 이 깨어짐에 대한 메시지를 발견할 수 있습니다.

그것이 너무 광범위하게 퍼져있기 때문에 사람들은 흔히 '깨져야 한다', '죽어야 한다'는 말을 입에 달고 사는 경향이 있습니다. 오직 모든 문제는 내가 아직 깨지지 않았고 죽지 않았기 때문이라는 이야기들을 많이 합니다.

그러나 그것은 기독교의 본질적인 가르침이라고 보기는 어렵습니다.

사람들은 자신이 죽고 깨어져야 변화되는 것이 아니라 주님을 경험해야 변화가 되는 것입니다. 내가 아무리 죽어도 주님이 임재하시고 나를 사로잡지 않으신다면 거기에는 승리의 삶이 없습니다. 세상에는 주를 모르고 깨어지고 죽어지는 사람들이 아주 많지만 거기에는 절망과 좌절이 있을 뿐 변화된 삶이란 없는 것입니다.

그러나 어떤 이들에게는 이 깨어짐에 대한 메시지가 필요할 것입니다.

그것은 자기의 껍질이 아주 두꺼운 사람들입니다. 고집이 너무 세고 자기 확신이 많으며 이기적이고 강퍅한 사람들입니다. 아마 이들에게는 깨어짐이 필요할 것입니다. 그들은 껍데기가 너무 두꺼워서 주님을 경험할 수가 없기 때문입니다.

그러나 이러한 이들은 거의 깨어짐에 대하여 좋아하지 않습니다. 그들은 깨어지기는커녕 자신의 소원과 욕망을 이루기 위해 목숨을 걸뿐입니다.

문제는 이것입니다. 정작 이 깨어짐에 대한 가르침이 필요한 사람들은 깨어짐에 대하여 관심이 없으며, 이 깨어짐에 대한 메시지가 도움이 되지 않는 이들은 깨어짐의 필요성에 대한 믿음과 소망이 가득하다는 것입니다.

영혼이 얇고 약한 이들에게는 깨어짐에 대한 메시지가 그들의 영혼을 오히려 누르고 더 많이 약해지게 만듭니다. 그러나 그들은 이상하게도 깨어짐에 대한 가르침과 같은 우울하고 어두운 메시지를 참 좋아합니다.

영혼이 예민하고 얇은 이들은 기질적으로 우울하고 부정적인 사고방식을 가지고 있는 경우가 많습니다. 그들은 '나는 죄인이다.', '나는 아직 멀었다.', '나는 정말 깨어져야 한다.', '나는 정말 더러운 사람이며 다른 사람들이 내 속을 알면 정말 나를 싫어할 것이다.' 이런 식의 사고방식이 속에 깔려 있는 경우가 많습니다.

물론 영혼이 강하고 두꺼운 이들은 정 반대입니다. 그들은 자신에게는 아무런 문제가 없다고 생각합니다.

오직 문제가 되는 것은 다른 사람이며 남들이 다 나쁜 사람들이지 자신은 아무 문제가 없다고 생각합니다. 자신은 그저 피해자일 뿐이라고 생각합니다.

오직 환경이 잘못된 것이며 자기가 고난이 있다면 그것은 하나님이 실수하시는 것이지 자신은 그저 억울할 뿐이라고 생각합니다. 이러한 이들에게는 정말 깨어짐이 필요할 것입니다.

이들의 문제는 영혼의 외곽이 너무 두껍다는 것입니다. 그러므로 그들은 영적으로 둔합니다. 남에게 상처를 주고도 자신은 자신의 억울함만 생각할 뿐이지 거기에 대해서는 전혀 모릅니다.

이들은 그렇기 때문에 양심도 둔하며 깨달음도 둔합니다. 이들은 남을 자주 비판하지만 자신에 대해서는 죽어도 비판하지 않습니다. 누군가 그들을 비판하면 바로 원수가 되지요.

이들은 영혼의 껍질이 너무 두껍기 때문에 영혼의 감각이나 활동이 약한 것입니다. 그러므로 이들은 영혼의 껍질을 약화시키는 가르침과 체험이 필요합니다.

즉 이 책에서 가르치고 있는 것과 정반대의 훈련을 해야 하는 것이지요.

예를 들면 이들은 호흡기도를 할 때에 배호흡기도를 하는 것보다 심장호흡기도를 하는 것이 좋습니다. 눈에 힘을 주는 훈련을 하는 것보다는 눈을 부드럽게 풀어주는 훈련을 해야합니다. 요컨대 그들은 껍질을 부드럽고 약하게 만들어서 속 사람, 영혼의 움직임을 많이 경험해야 하는 것입니다. 아마 이들을 위해서는 또 하나의 책이 필요할 것입니다. 정반대의 원리와 가르침이 이들에게는 필요하니까요.

그렇게 되어서 영혼의 껍질이 얇아지고 영혼이 예민해지기 시작하면 그들은 눈물도 많아지고 정도 많아지며 부드럽게 사랑을 표현할 수도 있게 되고 점차 사랑의 사람, 따뜻한 사람이 될 수 있습니다.

그러므로 이들에게는 영혼의 껍질을 부드럽게 하기 위해서 깨어짐에 대한 가르침이나 회개에 대한 가르침이 필요한 것입니다.

그러나 영혼이 얇은 이들에게는 반대입니다. 우리는 어떠한 영성의 원리나 하나님의 말씀을 모든 이들에게 일률적으로 적용하는 것이 아님을 알아야 합니다.

성령님의 인도를 받아 말씀을 전하는 설교자는 항상 그 때 그 순간에 꼭 필요한 말씀을 전하게 되어 있습니다. 그것은 항상 듣는 말씀이지만 그 순간에 듣는 이들의 정곡을 찌르는 말씀입니다. 그것은 지식이 아니고 생명입니다. 그러므로 듣는 자의 심령을 후련하게 만듭니다.

이와 같이 모든 말씀이 하나님의 말씀이지만 그것을 실제로 적용하도록 도우시는 것은 성령님의 역사입니다.

그러므로 하나님의 말씀이기는 하지만 지금 자신에게 적용되는 말씀이 있고 그렇지 않은 말씀이 있습니다. 영성의 원리도 지금 자기에게 맞는 원리가 있고 그렇지 않은 원리가 있습니다.

영혼이 약하고 영혼의 껍질이 얇은 이들은 그 껍질을 두껍게 하는 훈련이 필요합니다.

그들은 국가로 친다면 힘이 약해서 스스로 독립하지 못하고 외세의 영향을 받는 국가와 같습니다. 이렇게 스스로 자주 독립이 안 된 나라는 강력한 힘을 얻어서 온전한 독립국가를 세워야 합니다.

그런데 방어력도 없고 군사력도 없어서 외적이 진치고 있는 국경을 잘 지키지도 못하는 이들에게 그 국경선을 약화시키는 정책을 시행하면 어떻게 될까요? 당연히 그 나라는 무너지게 될 것입니다.

영혼이 얇은 이들은 자기 부정적인 기질을 가지고 있습니다. 그들은 자신감이 부족합니다. 그들은 누가 좋은 자리를 준다고 해도 자꾸 사양할 사람들입니다. 영혼의 껍질이 두꺼운 사람들은 남들이 자기를 인정해주지 않고 지도자를 시켜주지 않기 때문에 상처를 받습니다. 그러나 얇은 이들은 정반대입니다.

그러니 이러한 이들이 깨어짐에 대한 메시지를 받아들이고 스스로 적용하고 그리고 그렇게 가르치는 것은 결코 좋은 것이 아닙니다. 그것은 그렇지 않아도 눌린 인생을 더욱 더 비참하게 만드는 것입니다.

그들에게 필요한 가르침은 깨어짐, 부서짐이 아니라 희망과 비전과 이상과 용기를 주는 메시지입니다. 하나님의 사랑, 하나님의 은혜, 그들을 넉넉히 용납하시고 받아주시는 그 은총에 대한 메시지가 그들에게는 필요합니다.

이들은 빛에 대한 신앙에 대하여 배워야 합니다. 어둡고 우울하며 슬프고 침체된 창백한 헌신, 창백한 기독교가 아니라 다이나믹하고 생동감이 있고 쾌활하고 즐겁고 재미있고 행복한 기독교, 즐거움과 누림이 가득한 빛의 신앙, 빛의 메시지가 필요합니다.

어둡고 부정적인 가르침이나 메시지를 가능하면 받아들이지 마십시오.

특히 당신에 대한 공격적인 권면에 대해서 받아들이지 마십시오. 어떤 이들에게는 그러한 가르침이 필요할 것입니다. 그러나 영혼이 얇은 이들에게 그러한 것은 더한 눌림이 될 뿐입니다.

영혼이 약한 이들에게는 자기 부인에 대한 메시지보다 자기 확신에 대한 메시지가 필요합니다. 그들은 자기 확신이 너무 부족하기 때문에 어려움을 겪고 있는 것입니다. 그러므로 그러한 분별이 필요합니다.

부디 당신의 신앙패턴을 밝고 맑고 아름다운 것으로 바꾸시기를 바랍니다. 당신이 아무리 외적인 영성훈련을 계속 한다고 해도 당신의 의식이 어둡고 부정적인 것을 계속 유지하고 있다면 당신은 지속적으로 변화되기 어려울 것입니다.
부디 밝고 행복한 메시지, 그러한 패턴의 사고, 신앙으로 당신의 의식을 채우시기 바랍니다. 그리하여 깨어짐이 아닌 빛과 영광의 풍성함으로 당신의 영혼에 채우시기를 바랍니다.

신앙이란 근본적으로 빛에 속한 것입니다. 천국에는 우울함과 슬픔과 눈물이 없는 것입니다.
부디 당신의 의식을 바꾸십시오. 주님의 그 영광의 빛으로 당신의 안에 가득하게 채우십시오. 주님의 빛과 그 은총이 당신 안에 충만하게 임하게 될 때 당신은 인생이 천국인 것을 알게 될 것입니다.

어떤 사람들에게 깨어짐에 대한 메시지는 필요할 것입니다. 그러나 영혼이 얇고 약한 이들에게는 격려와 위로와 용기가 필요합니다.
깨어지지 말고 기쁨과 빛과 영광과 능력을 받으십시오.
그 은총을 구하십시오.
당신은 새롭게 될 것입니다.

13. 눌림의 긍정적인 측면

  심령이 약한 이들은 주위에 그들을 괴롭히고 억압하는 존재들이 반드시 있게 마련입니다.
  물론 그것은 그들의 심령이 약하기 때문입니다. 그들의 그러한 연약함이 압제자를 끌어당기는 측면이 있지요. 그러한 자들은 먹이를 찾아다니는 맹수와 같기 때문입니다.
  그러므로 심령이 약한 이들은 심령을 강건하게 해야 합니다. 그래서 노예와 같은 압제 상태에서 벗어나야 하지요. 그것은 물론입니다.

  그러나 오직 단순하게 강해지는 것만이 근본적인 문제의 해결은 아닐지도 모릅니다. 어쩌면 다른 문제들이 그들의 안에 내재되어 있는지도 모르기 때문입니다. 그러므로 자신의 문제에 대한 반성이 필요하기도 한 것입니다.
  이것은 앞장에서 전했던 메시지 – 심령이 약한 이들은 가급적이면 깨어짐에 대한 메시지를 받아들이지 말라는 – 와 모순이 되는 것으로 보일지도 모르겠습니다. 그러나 이것은 조금 다릅니다.

  어떤 외적인 억압이나 고통이 있을 때 그것이 주는 긍정적인 효과도 있는 것이 사실입니다. 그것은 외적인 고통이나 억압 때문에 그들의 안에 있는 악들이 자라지 못하며 바깥으로 나오지 못한다는 사실입니다. 즉 그들은 그들의 영혼이 눌려서 밖으로 표현되지 못하는 측면도 있지만 또한 그들의 악들도 역시 같이 압제되어 밖으로 표현되지 못하기도 한다는 것입니다.

나는 어떤 여전도사님이 항상 그녀가 다니고 있는 교회의 담임 목사님의 험담을 늘어놓는 것을 본 적이 있습니다. 그 목사님은 항상 그녀에 대하여 공격적이고 야단을 치는 메시지를 계속 전달하였고 그녀는 그 때문에 무수한 상처를 받고 있었습니다.

그녀는 결국 그 교회를 사임하였습니다. 더 이상 목사님의 꾸지람과 공격을 감당할 수 없었기 때문입니다. 그녀는 편안하게 자신에게 맞는 교회를 선택하여 다니게 되었습니다.

자, 그렇다면 문제는 끝이 났겠지요? 그런데 그렇지가 않았습니다.

나는 그녀가 전에 없이 강퍅하고 날카로워진 것을 발견하게 되었습니다. 그녀가 그 목사님께 야단을 맞고 지적을 당하고 할 때는 비록 눌려 있기는 했지만 선량한 모습이었고 강퍅하고 거칠며 사나운 모습이 별로 드러나지 않았습니다.

그러나 그녀가 자유의 세계에 들어가게 되자 그녀는 전과 다른 경직된 모습을 드러내게 되었습니다.

나는 이와 비슷한 사례를 많이 보고 듣고 경험하였습니다. 남편과 같이 살 때는 온갖 핍박과 고난을 남편을 통하여 겪은 부인들이 남편이 죽거나 헤어지게 되어 그녀들이 그토록 기다리던 자유의 세상으로 가게 되었을 때는 막상 행복해지는 것이 아니라 그 전보다 더 비참하고 어두운 모습으로 바뀌는 것을 많이 보았던 것입니다.

그 하나의 특성은 그것이었습니다. 즉 눌려 살 때는 비교적 온유한 모습을 가지고 있다가 그러한 눌림이 사라졌을 때는 그 속의 사나움과 경직됨이 흘러나오게 된다는 것이었습니다.

이러한 모습은 그들이 억압 속에서 얌전하고 온유한 모습이 진정한 내면의 성숙에서 기인한 것이라기 보다는 그들의 속에 있는 악들이 외적인 시련 속에서 마음껏 발휘되지 못하고 눌려 있던 것이라는 사실을 잘 보여주는 것입니다.

여기서 한 가지는 분명해집니다. 외적인 시련은 그 사람 속의 악을 제압하는 효과가 있다는 것입니다.

애굽에서 해방된 이스라엘의 모습이 바로 그러하였습니다. 그들은 바로의 압제 속에서 눌리고 고통을 겪을 때는 비교적 선한 모습을 보여주고 있었습니다. 그들은 참으로 착하고 선량해 보였습니다. 그러한 그들의 모습은 모세에게 그저 불쌍해 보이기만 했을 것입니다.

그러나 그들이 애굽에서 벗어나 자유의 몸이 되었을 때 그들은 더 이상 약하고 불쌍하고 선한 사람으로 머물러 있지 않았습니다. 그들은 사납고 공격적이며 강퍅한 영혼들이 되었습니다. 그 모습을 보고 모세는 내가 사람들을 잘못 보았구나 생각했을 것입니다. 그들은 순한 양이 아니고 정말 사나운 이리떼와 같았습니다.

어떤 이가 정말 순한 양인지 알려면 그의 위치를 아는 것이 필요할 것입니다. 진정 자기의 손에 능력과 권세가 있을 때 온유한 것이 진정한 온유이며 순한 양에 속하는 사람이겠지요. 그러나 압제 속에서는 누구나 선한 사람으로 보일 수도 있는 것입니다. 어떤 사람에게 평탄한 환경과 풍성한 삶이 주어질 때 그것은 그들의 속에 있는 것을 드러내 줍니다. 그 때에 악이 드러난다면 그것은 그들이 진정한 선한 이들이 아닌 것을 증명해주는 것입니다.

　요셉이나 다윗은 억압과 눌림의 환경에서도 아름다웠지만 권세와 힘이 주어졌을 때도 여전히 선하고 아름다운 사람으로 남았던 사람들이었습니다.
　요셉은 총리가 되었을 때도 그를 유혹하고 누명을 씌웠던 보디발의 아내에게 복수하지 않았으며 그를 노예로 팔았던 그의 형들이 그에게 와서 용서를 구하며 빌고 두려워하자 오히려 눈물을 흘렸습니다.

　가난하고 어려울 때는 행복했던 가정이 형편이 나아지면서 오히려 가정이 깨지고 엉망이 되는 이야기들은 많이 있습니다. 이것도 어려운 상황 속에서 악이 뿌리를 내리기 어려운 원리를 입증해주는 것입니다.
　대부분의 사람들은 자신들이 사형 선고를 받았다든지 하게 되면 선해지는 경향이 있습니다. 즉 악을 행할 능력과 힘을 잃어버리게 되는 것이지요. 고난은 악을 억제하는 힘이 있기 때문입니다.
　그러므로 이러한 원리는 압제하는 사람들에게 눌릴 때, 그리고 환경 속에서 눌리고 있을 때 단순하게 능력과 힘을 얻어 해방과 승리를 얻기 이전에 근본적으로 자신을 돌아보고 반성을 해야하는 점은 없는지 돌아보아야 할 필요를 보여주고 있는 것입니다.

　사람들은 본능적으로 어떠한 압제나 부자유나 고통이 있을 때 거기에서 벗어나게 되기를 몹시 사모하게 됩니다. 그러나 세월이 흘러서 나중에 생각해보면 그러한 고난이 사람을 더 겸손하게 하고 악을 제어하며 주님께 붙들린 사람으로 이끄는 역할을 한 것을 발견하게 되는 것입니다.

　이스라엘은 애굽에서 나오기만 하면 모든 문제가 다 끝이 나는 줄 알았습니다.
　그러나 역사는 보여주고 있습니다. 문제는 그들의 환경이 아니고 그들의 심령 자체에 있었다는 것을.. 즉 그들은 환경에서 구원을 받았으나 그들의 성질, 그들의 악, 그들의 하나님께 굴복되지 않은 마음에서는 아직 구원되지 못했던 것입니다. 진정한 문제는 환경이 아니라 그들의 심령 상태였습니다.

　우리의 영혼은 강해져야 합니다. 그리고 모든 압제로부터 벗어나야 합니다. 주님은 우리에게 자유함을 주시기 원하시며 그것이 주님의 뜻이기 때문에 우리는 강하고 자유로운 그리스도인이 되어야 합니다.
　그러나 그러한 기초 위에서 우리는 자신을 돌아보아야 합니다. 우리가 권능을 얻고 강해져서 영혼의 자유를 얻는 것은 참으로 필요한 일이지만 우리에게 주어진 이러한 억압을 통해서 우리는 무엇을 반성해야 하며 무엇을 배워야 하는 것인가 하는 것을 말입니다.
　우리가 당하는 여러 억압과 부자유가 우리의 악과 어두움을 누르고 정화시키는 의미는 없는지 우리는 돌아볼 필요가 있습니다.

　영혼의 힘이 강해질 때 거기에는 자유와 해방이 있습니다. 그렇습니다. 그것은 분명합니다.

그러나 더 깊은 자유는 우리가 단순히 외적인 압제에서 벗어나는 것이 아니라 주님의 사랑의 통치 속으로 들어가야 얻을 수 있는 것입니다.

우리가 주님께 사로잡히며 우리 속의 모든 악들이 소멸되고 주님께 굴복되어야 하는 것입니다.

우리는 단순히 외적인 껍데기만 강해지는 사람이 되어서는 안 됩니다. 진정 속까지, 우리의 영혼 깊숙이 까지 강건하고 자유로운 사람이 되는 것, 그것이 바로 진정한 구원이며 진정한 자유인 것입니다.

그리고 그것은 오직 우리의 영혼이 주님께 사로잡히는 데에 있습니다. 우리의 삶 자체가 주님의 소유가 되는 것에 있습니다.

우리가 온전히 주님께 속하여 세상과 나는 간 곳 없고 구속한 주님만을 바라보는 데에 있습니다.

억압은 우리 자신을 돌아보게 합니다. 억압은 우리를 주님 품으로 이끕니다. 그것은 슬픈 것이지만 이를 통하여 우리는 더 깊은 주님의 사람이 되어갈 수 있는 것입니다.

억압은 우리의 악을 번성하지 못하도록 억제해줍니다. 그러므로 우리는 이에 대하여 주께 의탁하며 감사해야 하는 측면이 있습니다.

그러한 주님께 대한 신뢰와 감사 속에서 영혼이 강건하고 충만하게 될 때 우리는 겉과 속 모든 면에서 진정한 자유인이 될 수 있을 것입니다.

14. 사명과 방향

 지금까지 영혼이 약하고 여린 이들을 위하여 이야기를 해왔습니다. 이제는 결론을 맺어야 할 시점입니다.

 영혼이 약하다, 영혼의 껍질이 얇다.. 이러한 이야기는 아마 별로 듣지 못했던 생소한 이야기일 것입니다. 하지만 이것은 아주 실제적인 개념입니다.
 영, 영혼에 대한 많은 이론과 설명이 있습니다. 하지만 내가 느끼기에는 그것들은 지나치게 학구적이며 개념적입니다. 무엇인가 손에 잡히는 것 같지 않습니다. 많은 용어의 분석, 원어 해설, 그러한 것이 정확한 영혼의 실상을 우리에게 보여주는 것은 아닙니다.
 우리가 어떤 사람을 자주 만나고 교제하고 알고 있다면 그 사람의 이름만 들어도 우리는 미소를 짓습니다. 그가 떠오르기 때문이지요. 그러므로 그의 성명 한자에 대한 깊은 분석이 그다지 필요하지 않습니다.
 그러니 영혼에 대한 많은 분석보다 한 번 영혼의 세계를 경험하는 것이 더 확실한 것입니다.

 영혼이란 결코 하나의 글자가 아니라 살아있는 너무나 생생한 실제입니다. 생각은 영혼에서 나오는 것이며 감정도 슬픔도 영혼에게서 나오는 것입니다.

어떤 이들은 영이다 혼이다 묘하게 나누고 있지만 사람은 죽어서 영은 여기로 가고 혼은 저기로 가고 하는 존재가 아닙니다.

영혼의 기능을 자꾸 나누어서 직관이다 영교다 하고 있으면 더 복잡해집니다. 사람은 사람이지 위장과 폐와 심장을 따로 떼어서 설명하기 어려운 것과 같습니다.

우리가 영의 기능을 경험하고 누리게 되면 영혼 자체가 너무 생생하게 느껴질 것입니다. 우리는 멀리 있어도 사람을 느낄 수 있으며 그것이 영혼의 움직임이고 실제라는 것을 알 수 있을 것입니다.

바울도 고린도 교인들에게 편지하기를 내가 비록 몸은 떨어져 있으나 영은 너희와 같이 있어서 거기 있는 것과 같았다고 이야기했지요.(고전 5:3) 이러한 것이 영의 자연스러운 기능입니다.

영이나 영혼이나 같은 이야기이니 별로 신경 쓸 필요는 없습니다. 차이점이 있다면 한 글자이냐 두 글자이냐 그 차이 뿐이지요.

다소 생소해 보이는 영혼의 껍질이 얇다고 표현한 것은 그러한 표현이 심령이 약하고 예민하며 눌리는 경향이 있는 이들의 상태를 아주 쉽고 간결하게 설명해주기 때문입니다. 그렇게 상태에 대하여 이해하게 되면 그것을 처방하고 다루는 것은 쉬운 일이니까요.

나는 영혼이 약한 증상을 통하여 시달리고 오래 동안 고통을 겪어왔던 이들이 여기서 언급했던 아주 간단한 방법들을 시도하고 기도한다면 충분히 많은 변화와 자유를 경험할 것이라고 믿습니다.

그러나 여기에서 결론적으로 언급하고 싶은 것은 조금 다른 부분입니다.

신앙에는 균형이 필요합니다. 말씀에만 너무 집중하여 기도가 약하다면 그것은 좋지 않습니다. 또한 기도에만 몰두하여 말씀을 소홀히 한다면 역시 그것도 좋지 않지요.

주님과의 교제에만 몰두하여 사회적인 책임에 소홀히 하는 것도 균형 잡힌 것이라고 볼 수 없으며 그 반대도 마찬가지입니다. 또한 권능과 능력에 몰두하여 부드러움과 잔잔함을 잃어버리는 것도 역시 균형을 잃어버린 것이지요.

너무 차가운 것도 너무 뜨거운 것도 좋지 않습니다. 너무 활동적인 것도 너무 고요한 것도 역시 좋지 않지요.

분명한 것은 어린 신앙일수록 한쪽에 치우쳐서 자기만이 옳다고 하고 다른 쪽을 공격하지만 신앙은 자라갈수록 균형과 조화를 유지한다는 것입니다. 나도 좋지만 당신도 아름답습니다.. 하는 식이 된다는 것이지요. 그것은 서로 사명과 방향과 기질이 다르므로 서로 도와야 하기 때문에 당연한 것입니다.

사람은 누구나 자기의 기질과 사명 쪽으로 어느 정도 치우치게 되어 있습니다. 그러므로 많은 경험을 쌓거나 많은 실패를 하기 전까지는 자신과 다른 사명을 가지고 다른 기질을 가진 이들을 별로 좋아하지 않습니다. 잘못된 신앙으로 매도하는 것도 흔히 있는 일이지요. 물론 다 어려서 그렇습니다.

이 장에서는 기질과 사명에 대한 이야기를 하려고 합니다.

영혼이 여리고 약한 이들이 이 책을 통하여 꾸준히 훈련을 하고 충분히 자유와 풍성함을 체험하는 것은 그리 어렵지 않은 일입니다.

아마 어떤 분들은 갑자기 넘치는 해방감에 주체하지 못하는 분들도 있을 것입니다. 그런 이들도 꽤 보았지요.

눌려 있던 영혼이 힘을 얻게 되고 자유함을 겪게 되면 일시적으로 혼란스러워지거나 부작용이 있을 수도 있습니다.

한 예를 들면 항상 순종적이던 사람이 당당하게 자신의 입장을 피력할 때 주위의 다른 사람들이 이상하게 여길 수도 있습니다. 그리고 요즘 사람이 아주 못되진 것 같다고 이야기를 할 수도 있습니다.

또한 전에는 그렇지 않았는데 힘이 생기면서 갑자기 전에 없던 분노가 폭발될 수도 있습니다. 이런 일이 생기게 되면 자신도 정말 내가 이상해진 것은 아닌가 하는 생각이 들게 되지요.

물론 이러한 것은 그리 심각한 문제는 아닙니다. 그것은 당신의 영혼이 균형을 찾아가는 과정에 있는 것이며 조금 과도기가 지나가면 영혼은 안정을 찾고 자연스럽게 자신의 감정을 컨트롤할 수 있는 상태가 될 수 있으니까요. 그러니 그리 염려하지 않아도 됩니다.

그런데 여기에 중요한 사실이 있습니다. 당신이 그러한 자유와 승리를 맛보고 영혼이 강건해졌다고 하더라도 당신의 기질과 사명이 바뀌는 것은 아니라는 사실입니다.

당신의 영혼이 강하고 충만해졌다고 하더라도 그것은 균형을 위한 보완이라는 것을 이해해야 합니다.

당신이 이 책의 1부에서 나오는 증상들을 가지고 있다면 당신은 내면적인 사람입니다.

당신은 당신에 속한 부르심이 있습니다. 당신은 영혼의 힘과 전투에 대하여 배웠기 때문에 충실하게 당신의 영혼을 훈련하고 운동시킨다면 이제 더 이상 어둠의 영들에게 어둠의 사람들에게 눌리지 않을 것입니다. 그러나 당신의 사명은 다른 데에 있습니다. 그러한 해방과 자유는 당신의 사명을 잘 이루게 하기 위한 것입니다.

 이 땅에 많은 사역들이 있습니다. 많은 일들이 있습니다. 당신에게도 어느 정도 일이 주어지겠지요.
 그러나 당신은 근본적으로 일이나 어떤 외적인 성취보다도 주님과의 교제를 위하여 부름 받은 사람입니다.
 당신은 아무리 외적으로 많은 것들을 성취한다고 해도 별로 만족이 되지 않을 것입니다. 남들이 좋아하는 것을 얻었다고 해도 당신은 그다지 마음이 즐겁지 않을 것입니다. 오히려 회의가 오겠지요. 내가 이것을 위해서 이렇게 애를 썼나.. 하는 마음이 들게 될 것입니다.

 당신이 목회자라면 당신은 큰 교회의 목회를 하고 싶어하지 않을 것입니다. 만일 그렇게 하고 있다면 점점 더 마음에 부담이 오고 싫어질 것입니다. 그것은 당신의 사역이 아니기 때문입니다.
 당신은 오직 주님의 얼굴을 구할 때 행복과 만족을 누릴 수 있습니다. 당신은 교제를 위하여 부름을 받은 사람입니다.

 당신은 전투적인 사람이 아닙니다. 당신은 전쟁을 위하여 부름 받지 않았습니다.
 물론 기도 속에서 당신은 깊은 영계의 전쟁을 치르게 되겠지요. 그러나 인간관계나 모든 삶의 부분에서 당신은 긴장과 다툼이 아니라 사랑으로 부름을 받은 사람입니다.

그러므로 비록 당신이 권능을 받고 힘을 얻었다고 하더라도 당신은 다른 사람들과 싸우고 그들을 제압하는 것이 별로 즐겁지 않을 것입니다. 그러므로 당신은 오직 방어적인 전쟁만을 해야 합니다.

당신은 싸우는 것보다 위로를 하는 것이 좋습니다. 남들을 치유하고 싸매는 쪽이 좋습니다. 싸움의 사명을 받은 사람은 상처도 같이 주는 사명입니다. 당신은 상처를 받은 이들을 싸매는 사명이라고 할 수 있습니다.
때리는 사명도 있느냐 고요? 물론 있습니다. 그리고 필요하기도 합니다. 그러나 그러한 사명을 받으려고 하지는 마십시오. 그것은 피곤한 일입니다. 그러나 주님의 통제 속에서 그러한 도구가 되었다면 거기에도 상급이 있을 것입니다.

영혼이 얇은 이들은 사랑에 대한 용량이 아주 큽니다. 그러므로 그들은 사랑하고 싶어하며 사랑 받기를 소망합니다.
그들은 애정에 대한 열망이 있으므로 그들이 사랑하는 사람이 그들의 사랑을 이해하고 받아주지 않는다면 상처를 받게 될 것입니다.
또한 그들은 사람들에게서 사랑을 받기를 기대해도 역시 상처를 입게 될 것입니다. 그들의 마음을 채워주는 사람을 이 땅에서 찾기란 거의 불가능한 일이기 때문입니다.

이 때문에 이들은 문학이나 TV의 드라마나 영화와 같은 데에 빠지기도 합니다. 현실에서 이룰 수 없는 것을 상상 속에서 이루려고 하게 되니까요. 이들은 결혼을 열 번을 한다고 해도 그들의 마음을 채워주는 이들을 만나기는 어렵습니다.

이들은 사랑 받을 것을 포기하고 주님 안에서 연합될 때 그리고 받는 것을 포기하고 자신을 온전히 주는 삶을 살게 될 때 진정한 만족을 느끼고 얻게 됩니다. 그것은 그렇게 희생하고 자기를 주는 것이 그들의 사명이며 그렇게 만들어졌기 때문입니다.

이들은 특별하게 주님의 능력으로 살도록 지음 받은 사람들입니다.

이들은 쉽게 두려움을 느낍니다. 그리고 불안감을 느낍니다. 그것이 얼마나 위대한 능력인지 생각해보셨습니까? 두려움을 느끼는 것은 정말 놀라운 능력입니다. 바로 거기에서 기도가 시작되는 것입니다.

강한 사람은 기도하지 않습니다. 그들은 두려워하지 않습니다. 그들은 낙천적입니다. 모든 것들이 다 잘될 것이라고 생각합니다. 그들은 기도의 사람이 될 수 없습니다. 그들은 평안하게 살고 건강하고 세상에서 성공하는 것 같지만 주님께서 그들의 심령 가운데 깊이 임재하시기가 어렵습니다.

그러나 심령이 얇고 약한 이들은 주님의 능력을 의지해서 살도록 설계되었습니다. 그들은 모든 사소한 것에 주를 바라보고 의뢰해야 합니다. 기도하고 무릎으로 살아야 합니다. 주님은 그들에게 실제적인 힘이며 구원이며 능력입니다.

다윗은 바로 그러한 사람이었습니다. 그는 타고날 때부터 겁이 없는 사람이 아니었습니다. 시편에 보면 온통 다윗의 한숨소리 비명소리로 가득합니다.

그는 두려움이 밀려오고 문제가 생길 때마다 주님께 나아갔습니다. 그리고 간절하게 눈물로 한탄으로 비명으로 호소했습니다. 그리고 그 결과로 주님의 들으심을 얻었습니다. 그의 용기와 담대함은 그러한 씨름과 몸부림의 결과였지 결코 타고난 것은 아니었습니다.

심령이 얇은 이들은 겁이 많고 상념이 많고 두려움이 많습니다. 염려가 끊이지 않습니다.
그것은 바로 주님의 부르심입니다. 그들이 주님께 나아와서 구하면 주님이 도우시겠다는 싸인인 것입니다.
이러한 이들이 기도하지 않고 남들의 흉내를 내어서 자신의 힘으로 살려고 한다면 그것은 실패입니다. 그들은 오직 눌려 살 수 밖에 없습니다. 그들은 열매를 얻지 못합니다.

그러므로 이들은 범사에 주님의 능력으로 살아야 합니다. 그리고 자신의 연약함을 인하여 감사하고 기뻐해야 합니다.
바르게 깨달을 때에 사도바울과 같이 내가 약할 때에 강함이라고 고백하며 찬양하게 되는 것입니다. (고후12:9)

심령이 얇은 이들은 근본적으로 나실인적인 기질과 부르심의 사람들입니다. 이들은 거룩하게 구별되어진 사람들입니다.
그러므로 이들은 아무 데나 함부로 가서는 안 됩니다. 아무 데나 가서 함부로 이것 저것을 접촉하는 것은 좋지 않습니다.

우리는 세상의 빛과 소금입니다. 그러므로 세상에서 벗어나 고립된 삶을 사는 것이 바람직한 것은 아닙니다.
그러나 심령이 얇은 이들은 구별된 사명, 나실인적인 사명이 있기 때문에 이들은 접하고 만나는 것을 조심해야 합니다. 그들은 쉽게 영향을 받고 다른 영들의 침투를 경험하게 되기 때문입니다.

 대표적인 나실인이었던 삼손이 비참하게 죽었던 것은 결코 그에게 기름부음이 부족하거나 능력이 부족했던 것은 아닙니다. 나실인으로서 접촉을 조심해야 할 그가 전혀 조심을 하지 않고 세상에 빠져 있었기 때문입니다. 그는 나실인이 해서는 안 되는 일만 골라서 했기 때문에 결국 그렇게 실패로 끝이 날 수 밖에 없었습니다.

 당신은 나실인적인 사람입니다.
 당신은 오직 주님을 구해야 합니다.
 주님의 얼굴을 구해야 합니다.

 주님의 영광 가운데 거하는 기쁨이
 온 세계를 얻은 것 보다 더 놀랍고 크다는 사실을
 당신은 경험해야 합니다. 당신은 맛보아야 합니다.
 그래야 당신은 세상을 이길 수 있습니다.

 이 세상에 많은 사역들이 있습니다.
 많은 성공과 성취가 있습니다.
 많은 이들이 비전과 이상, 꿈에 대하여 이야기합니다.

 그러나 당신은 주님의 얼굴에 대한 이상을 가져야 합니다.
 주님의 거룩하신 임재에 대한 꿈을 가져야 합니다.
 주님을 구하며 그에게 사로잡히는 꿈을 꾸어야 합니다.

이 책에 나오는 대로 영혼을 훈련하여
강건한 영혼이 되시기를 바랍니다.
부디 모든 눌림에서 벗어나게 되시기를 바랍니다.

그러나 근본적으로 당신은 주님을 추구하도록
부름을 받은 사람인 것을 기억하십시오.
그리하여 그 영광의 세계에 함몰되고 사로잡히십시오.
아마 세상의 사람들은 당신을 기억하지 못할지도 모릅니다.
그러나 당신은 그 주의 영광을 경험하게 될 때
당신의 생명과도 그 영광을 바꾸지 않을 것입니다.

당신은 거룩한 교제와 연합을 위하여 부름을 받은
나실인적인 사람입니다.
주님의 얼굴을 구하도록 부름 받은 사람입니다.

부디 이 놀라운 길을
계속 추구하고 걸어가십시오.
당신은 천국의 영광을 맛보게 될 것입니다.

부디 주님께서 당신에게
그분의 놀라우심을
보여주시기를 기도합니다.

오직 주님께 감사와 영광을,
오, 주님.. 할렐루야!

영성의 숲 출판사에서 직접 도서를 구입하기 원하시는 분들을 위한 안내입니다.

1 도서 선정
다음 페이지의 도서 목록을 참조하셔서 필요로 하시는 책을 선택하세요.
각 도서의 자세한 목차와 내용은
정원목사 독자 모임 카페(cafe.daum.net/garden500)나
영성의 숲 출판사 홈페이지(영성의숲.com)의 [저서소개] 코너를 참조하세요.

2 도서 신청
구입하실 도서를 결정하신 후에, 아래 세 가지 중 편한 방법으로 신청해주세요
① 정원 목사 독자모임 카페의 [책신청] 코너에 주문 도서목록 작성
② 영성의 숲 출판사 홈페이지 [도서구입안내] 코너에서 도서 신청 입력폼 작성
③ 출판사 연락처로 문자발송,
   전화연락 (02-355-7526 / 010-9176-7526. 통화시간: 월~금 오전 9시~저녁6시)
   혹은 이메일(spiritforest@hanmail.net)발송

3 입금 안내
신청 도서 목록을 알려주시면 입금하실 금액을 안내해 드립니다.
신청하실 때는 책을 받으실 주소와 입금자 성함, 전화번호를 함께 알려주세요.

4 송금
안내 받으신 도서 대금을 아래 계좌로 입금해 주세요.
(국민은행: 051-21-0894-062, 예금주: 홍윤미)
신청자 성함과 입금자 성함이 일치하지 않는 경우에는 입금자 성함을 꼭 알려주셔야 확인이 가능합니다.

5 배송
입금 확인 후에 바로 발송 작업을 하는데, 발송후 도착까지 보통 2-3일 정도가 소요 됩니다. 책을 급하게 필요로 하실 경우에는 일반 서점을 이용해주세요. 해외 배송을 원하시는 분은 총판을 담당하고 있는 생명의 말씀사로 문의해주시기 바랍니다. (생명의 말씀사 080-022-1211 www.lifebook.co.kr)

| 정원 목사 저서 소개 |

• 기 도 시 리 즈 •

[하늘의 권능이 임하는 부르짖는 기도 1] 부르짖는 기도의 개념, 의미, 능력 등 기본 원리를 담았습니다
[하늘의 권능이 임하는 부르짖는 기도 2] 부르짖는 기도의 구체적 실제적 적용원리를 제시합니다
[대적기도의 원리와 능력] 예수 이름의 권세와 능력을 발견하고 사용하여 영적 승리를 경험하게 합니다
[대적기도의 적용 원리] 대적기도의 원리를 개인 삶에 실제 적용하도록 상세한 설명을 담았습니다
[대적기도를 통한 승리의 삶] 가정에서 복음전도 사역에서 실전 적용하는 원리들을 담았습니다
[대적기도의 근본적인 승리 비결] 악한 영들을 근본적으로 제압하고 승리할 수 있는 길을 제시합니다

[아름답고 행복한 기도의 세계] 자연스럽고 편안하게 기도의 아름다움과 행복에 잠기게 합니다
[주님의 마음에 이르는 기도] 주님의 마음을 향하여 가는 것이 기도의 방향이며 목적임을 보여줍니다
[주님의 임재를 경험하는 길] 주님의 살아계심과 임재를 경험하게 하는 100가지 실제적 조언들입니다
[예수 호흡기도] 호흡을 통한 기도가 주님의 임재와 영적 실제에 들어가는 열쇠임을 보여줍니다

[방언기도의 은혜와 능력 1] 방언에 대한 성경적이고 균형 잡힌 설명, 간증들을 담았습니다
[방언기도의 은혜와 능력 2] 방언과 통역이 발전해 가는 과정과 영적인 의미를 깊이 있게 다뤘습니다
[방언기도의 은혜와 능력 3] 방언에 대한 여러 견해들, 바른 방향과 의미, 목적 등을 정리했습니다

• 영 성 시 리 즈 •

[영성의 실제를 경험하는 길] 참다운 영성과 주님의 실제를 경험하는 원리를 소개했습니다
[생각의 자유를 경험하는 길] 생각을 분별하고 관리함으로써 풍성한 삶을 살도록 돕는 조언들입니다
[영성의 중심은 사랑입니다] 은혜를 받아들이고 누림으로써 진정한 따뜻함을 경험하도록 돕습니다

[영성의 원리] 영의 흐름과 인식, 부흥과 승리를 위한 중보 등 영성 발전을 위한 원리들을 담았습니다
[문제는 주님의 음성입니다] 삶에 다가오는 어려움, 문제 속에서 주의 가르치심을 발견하게 돕습니다
[영성의 발전은 어떻게 이루어지는가] 질문과 답변을 통해 영적 성장의 올바른 방향을 소개합니다
[지금 이 공간에 임하시는 주님] 주님의 가까우심과 구체적인 임재, 나타나심을 경험하게 돕습니다
[심령이 약한자의 승리하는 삶] 영이 여리고 민감하여 고통을 겪는 이들이 승리하도록 돕습니다

[천국의 중심원리] 이 땅에 살면서 내면세계의 천국을 경험하기 위한 길과 원리들을 담았습니다
[행복한 신앙을 위한 28가지 조언] 묶여있고 창백한 의식의 틀을 벗어나 자유를 누리게 돕습니다
[성숙한 신앙을 위한 30가지 조언] 묶인 사고와 습관, 의식에서 해방되어 천국을 누리게 돕습니다

[의식의 깨어남을 사모하라] 잠, 꿈, 깨어남의 실체를 보여주며 영적 부흥과 각성을 돕습니다
[주님의 마음, 주님의 임재 속으로] 주님에 대한 오해를 풀고 사랑의 임재에 들어가게 합니다
[영성의 발전을 갈망하라] 영성을 깨우고 발전시키는 다양한 이야기 원리 법칙 등을 담았습니다
[집회에서 흐르는 주님의 은혜] 집회에 나타나는 주님의 생생한 역사와 영적 원리들을 담았습니다

[삶을 변화시키는 생명의 원리] 주님께 연결되는 삶이 열매를 맺을 수 있는 비결임을 보여줍니다
[낮아짐의 은혜 1] 사람을 파괴하는 높아짐의 시작과 은혜의 회복, 열매의 풍성함 등을 다뤘습니다
[낮아짐의 은혜 2] 천국의 풍성함을 주시고자 허락하시는 구체적인 낮아짐의 훈련을 담았습니다
[그리스도를 갈망하는 삶] 부흥과 영성의 원리를 삶 속의 이야기와 함께 쉽게 풀어 정리했습니다
[영이 깨어날수록 천국을 누린다] 마주 앉아 대화하듯 편하게 영적 성장에 대해 이야기합니다

• 생 활 영 성 시 리 즈 •

[주님과 차 한잔을] 신앙의 귀한 진리들을 유머를 통해 밝고 즐겁게 전달해 줍니다
[일상의 삶에서 주님을 의식하기] 사소한 모든 일에서 주님을 의식하는 것이 행복임을 보여줍니다
[일상에서 경험하는 주님의 사랑] 주님의 마음으로 살 때 경험하는 일상의 천국을 담았습니다
[삶이 가르치는 지혜] 삶에서 경험하는 모든 일들이 영혼의 성장을 위해 주어진 것임을 보여줍니다
[사랑의 나라로 가는 여행] 한 청년이 여행을 통해 깨달아가는 과정을 담은 어른들을 위한 우화입니다
[하나님의 뜻을 발견해 가는 여행] 성경 인물들의 삶, 사건을 통해 주님의 의도, 훈련을 보여줍니다
[일상에서 경험하는 주님의 은혜] 일기와 이야기 형식으로 주님과 같이 걷는 삶을 기록했습니다
[주님은 생수의 근원입니다] 맑고 투명한 영성의 세계로 안내하는 영성 잠언집입니다
[묻지 않는 자에게 해답을 던지지 말라] 인생의 의미와 진리, 영성의 발전과정을 담았습니다
[영혼을 깨우는 지혜의 샘물] 인생, 진리, 마음, 영성 등 중요한 8가지 주제에 대한 묵상들입니다

심령이 약한 자의 승리하는 삶

1판 1쇄 발행	2003년 6월 20일
1판 12쇄 발행	2014년 9월 25일
2판 1쇄 발행	2025년 9월 13일
지은이	정원
펴낸이	홍 윤미
펴낸곳	영성의 숲
등록번호	2001. 7. 19 제 8-341 호
전화	02 - 355 - 7526 (영성의숲)
핸드폰	010 - 9176 - 7526 (영성의숲)
E - mail	spiritforest@hanmail.net (영성의숲)
홈페이지	cafe.daum.net/garden500 (정원목사 독자 모임)
	cafe.naver.com/garden500 (정원목사 독자 모임)
국민은행	051-21-0894-062
예금주	홍 윤미
총판	생명의 말씀사
전화	02-3159-8211
팩스	080-022-8585,6

값 12,000원
ISBN 978-89-90200-96-9 03230